蘇我から東京湾東岸を南下し、外房の安房鴨川へ至る路線

内房線
街と鉄道の歴史探訪

山田 亮

Contents .....

1章 内房線

千葉駅	18	長浦駅	34	上総湊駅	74
蘇我駅	24	袖ケ浦駅	35	竹岡駅	82
浜野駅	25	巌根駅	40	浜金谷駅	84
八幡宿駅	25	木更津駅	48	保田駅	92
五井駅	26	君津駅	54	安房勝山駅	106
姉ケ崎駅	31	青堀駅	62	岩井駅	114
		大貫駅	66	富浦駅	120
		佐貫町駅	68	那古船形駅	123

太平洋を眺めながら早春の花畑を走る113系
◎江見〜和田浦 1981(昭和56)年3月27日 撮影：安田就視

館山駅	124
九重駅	132
千倉駅	134
千歳駅	135
南三原駅	135
和田浦駅	136
江見駅	137
太海駅	141
安房鴨川駅	142

2章 久留里線、小湊鐵道 京葉臨海鉄道

久留里線の歴史	148
小湊鐵道の歴史	160
京葉臨海鉄道の歴史	168

大正～昭和戦前の沿線案内図 （所蔵・文　生田 誠）

内房線の駅間が哩（マイル）表示されている大正末期、1925（大正14）年7月に作成された路線図である。この当時、五井駅から延びる小湊鉄道が里見駅まで開通していた。この地図の特徴は、鉄道路線とともに道路の開通状況が詳細に記載されていること。特に安房地方において、安房北條駅や千倉駅といった鉄道駅から先の道路が赤い線で描かれ、七浦、白濱、富崎などの地名が見える。安房北條駅が館山駅と変わるのは1946（昭和21）年である。

小湊鐵道が上総中野駅まで全通し、木原線（現・いすみ鉄道）が総元駅まで延びている1933（昭和8）年の路線図である。この地図では、内房線沿線に神野寺、日本寺、船形観音、那古観音など寺社が多く、青堀温泉や高崎温泉といった温泉があったことがわかる。また、館山には海軍の航空隊が置かれており、その先には洲崎神社、洲崎灯台が描かれている。1919（大正8）年に点灯された洲崎灯台は、東京湾の境界を示すもので、国の登録有形文化財に登録されている。

大正～昭和戦前の沿線風景 （所蔵・文　生田 誠）

**【八幡宿駅
（大正～昭和戦前期）】**
この八幡宿駅は1912（明治45）年3月28日に開業している。八幡宿は江戸時代には海と陸の交通の要地として栄え、江戸に向かう房総の大名らが宿泊した。明治以降は海水浴が楽しめる観光地となり、レジャー客らで賑わった。この絵葉書でも、パラソルを差した白い服の女学校の団体が、遠足で訪れた様子が写されている。

**【袖ヶ浦海水浴場
（大正～昭和戦前期）】**
袖ヶ浦海水浴場は戦前、千葉を代表する海水浴場だったが、高度成長期に海岸が埋め立てられて工場地帯に変わった。1955（昭和30）年には長浦、昭和、根形村が合併し、袖ヶ浦町が誕生し、1991（平成3）年に袖ケ浦市になっている。なお、「袖ヶ浦」は千葉県の海岸で広く使われる呼称で、稲毛付近などの風景の可能性もある。

**【木更津 南片町通り
（昭和戦前期）】**
木更津のメインストリートのひとつだった南片町通りで、現在の中央2・3丁目付近の風景と思われる。両側には電柱が建てられており、セーラー服姿の女学生や帽子を被った洋服の男性も歩いている。道路沿いには洋風建築も建ち、奥には乗合自動車（バス）の姿が見えることから、昭和戦前期に撮影されたものである。

【木更津たてぼし網
（大正～昭和戦前期）】
海岸に網を立てて人々が魚を獲る、「たてぼし網」の風景が見られる木更津の海岸風景。東京湾で古くから盛んだった「すだて遊び」は、木更津の金田地区において、現在も春から夏にかけての大潮の日に行われている。手前にいるのは漁師で、奥で漁を楽しむ人々はほとんどが着物姿である。

【木更津鳥居崎海水浴場
（大正～昭和戦前期）】
木更津は、江戸末期の歌舞伎の名作「与話情浮名横櫛（お富与三郎）」の舞台として知られ、しばしば上演される「木更津浜辺の場」で当時の海岸の様子が描かれている。この鳥居崎海水浴場でも、人々が海岸に柱を立てて屋根を設けた場所で飲食を楽しみ、舟遊びをする風景が見られる。現在、ここには鳥居崎海浜公園が存在する。

【木更津海水浴場
（昭和戦前期）】
木更津の海で海水浴を楽しむ男女がいる。ほとんどが帽子を被り、洋風の水着をつけており、奥には浅瀬を歩く人々も見える。江戸時代から江戸（東京）との間の航路が開かれていた木更津だが、1912（大正元）年に木更津線（現・内房線）が延伸したことで、さらに交通の便が良くなり、東京方面から多くの海水浴客が来るようになった。

【上総湊海岸（昭和戦前期）】
上総湊駅付近の海岸を走る蒸気機関車、C50105が牽引する列車。木更津線（現・内房線）は1915（大正4）年に木更津〜上総湊間が開業し、1916（大正5）年に上総湊〜浜金谷間が延伸している。C50は1929（昭和4）年から1933（昭和8）年にかけて154両が製造された。

【上総湊駅（大正〜昭和戦前期）】
木更津線（現・内房線）の延長に伴い、上総湊駅は1915（大正4）年1月15日に開業している。この絵葉書では駅前はかなり整備されて、自動車の姿もある。現在の富津市の中部に位置するこの駅周辺は、かつて天羽（後に君津）郡の中心の湊町であり、夏には海水浴客らで賑わっていた。

【湊川橋梁（大正〜昭和戦前期）】
内房線の上総湊〜竹岡間の湊川に架かる橋梁。初代は1916（大正5）年に架橋されたが、関東大震災による河床の上昇により、1925（大正14）年に現在の橋に架け替えられた。湊川は富津市の房総丘陵を水源として、浦賀水道に注ぐ二級河川で、河口付近に上総湊が発展した。

【上総湊海岸（昭和戦前期）】
上総湊駅の西側に広がる海岸は、現在も夏には上総湊海水浴場として多くの海水浴客を迎えている。また、南側は上総湊港海浜公園として、遊歩道やゲートボール場などが整備されている。旧湊町は1955（昭和30）年に金谷村、竹岡村などと合併して天羽町となり、1971（昭和46）年に富津市に変わっている。

【保田海岸の漁労風景（大正～昭和戦前期）】
現・鋸南町の保田は浮世絵師、菱川師宣の生誕地として有名である。保田の漁港は豊富な水産物の水揚げがあり、良質の海水浴場があることでも知られる。また、かつては遠浅の砂浜に竿を建てて網を張り、潮の干満差を利用して魚を獲る「立て干し網漁」という漁法が盛んに行われていた。

【保田海水浴場（大正～昭和戦前期）】
保田駅は、木更津線の浜金谷～安房勝山間が延伸したことで、1917（大正6）年8月1日に開業している。こうした交通機関の発達により、保田は海水浴場として注目され、多くの海水浴客が訪れるようになった。これは東京の芝中学校（現・芝中学校・高等学校）の生徒による海水浴の風景である。

【那古町市街
（大正～昭和戦前期）】
瓦屋根が並ぶ那古町の風景である。那古町は1939（昭和14）年に館山北条町、船形町と合併して、館山市の一部に変わっている。現在の那古船形駅は1918（大正7）年に開業した。この町は行基が開基したとされる補陀洛山那古寺（那古観音）が有名で、明治時代には「房州うちわ」と呼ばれる工芸品の生産が盛んになった。

【安房北條駅ホーム
（大正～昭和戦前期）】
1921（大正10）年に安房北條～南三原間が延伸した後も、安房北條（現・館山）駅は沿線の主要駅の地位を保ってきた。この絵葉書では、対面式のホームには駅舎、待合室などが整備されて、乗降客も多かったことがわかる。いままさに旅客列車がホームに到着しようとしている。

【安房北條駅構内（大正期）】
現在の館山駅は戦前、安房北條（条）駅と呼ばれていた。1919（大正8）年5月24日に木更津線の那古船形～安房北條間が延伸し、北条線（現・内房線）と改称された際に開業し、その後に安房鴨川駅まで延伸している。この絵葉書では沿線の主要駅として、広い構内に蒸気機関車、貨車などが停車している様子がわかる。

**【館山町市街
（大正～昭和戦前期）】**
手前の橋とともに、秋山書店などの店舗、家屋が見える館山市街の風景である。館山市街の南側には汐入川とその支流が流れている。館山町は1933（昭和8）年に北条町と合併して館山北条町となり、1939（昭和14）年に那古町、船形町と合併して、千葉県で5番目の館山市となった。

**【北條海岸汽船発着所
（大正～昭和戦前期）】**
1889（明治22）年、東京湾汽船（現・東海汽船）が東京～館山間の航路を開き、北條、館山周辺は、房総半島の海の交通の拠点となってきた。この絵葉書では、北條の汽船発着所に木製の桟橋とともに事務所、倉庫、旅館などが並んでいたことがわかる。乗降客は白い和服が多く、夏の風景だろう。

**【千倉海岸
（大正～昭和戦前期）】**
内房線は館山駅を過ぎると大きく東に方向を変えて、千倉駅方面に向かう。千倉駅は1921（大正10）年6月1日に開業している。現在は南房総市だが、2006（平成18）年までは千倉町が存在していた。千倉には千倉温泉郷があり、温暖な気候で、現在は切り花栽培を行う花畑でも知られている。

はじめに

　内房線は地図で見ると房総半島の西側を東京湾に沿って南下する。そこからは白砂青松の海岸線の車窓風景を連想させるが、実際に乗ってみると決してそうではない。起点の千葉は県庁所在地であり商業施設も集積し駅前にはモノレールの柱が並び首都圏の大都市の顔である。しばらく京成千葉線と平行する。千葉への電車開通は京成の方が先で京成千葉駅は今と異なり市の中心部にあったことは意外と知られていない。

　京葉線の高架線と合流すると蘇我。ここから外房線が分かれるが歴史的には外房線（以前は房総東線）の方が先に建設され先輩格である。蘇我から南西方向に向かうと工場地帯が現れる。かつて（1950年代）までは遠浅の海岸が続いていたが、1960年前後から海岸は埋められ大工場が続々と進出し京葉工業地帯となった。この眺めは巨大製鉄所のある君津付近まで続く。これが内房線の第一の印象である。

　内房線第二の印象は袖ケ浦付近で現れる。東京湾の海上から高速道路が現れ、内房線の上を交差して内陸部へ向かう。1997年に開通した東京湾横断道路である。この道路の開通で房総半島は東京、京浜地区と直結され交通体系は大きく変わった。

　内房線本来の風景は富津岬の南、大貫付近から現れる。線路は高台から海岸を見下ろすように続くが山が海に迫り短いトンネルが連続する。蒸気機関車の時代はトンネルに入るたびに煙でいぶされ「タヌキいぶし列車」といわれたが、その合間の車窓からは対岸の三浦半島、天気がよければ富士山を「鑑賞」できる。これが内房線第三の印象である。上総湊の鉄橋を過ぎると各駅ごとに海水浴場があり夏は首都圏のレジャー地帯としてにぎわった。富浦を過ぎ平野に入るとほどなく房総半島南部の中心地館山へ到着する。内房線はさらに太平洋側へでて安房鴨川まで続く。和田浦、江見付近は花の栽培で知られ、まだ寒い早春、車窓には花畑が展開し反対側は太平洋の荒波が続き波静かな東京湾とは対照的である。

　内房線は外房線とあわせて房総半島を一周する。半島で独立した線区であることから、1950年代半ばからディーゼル化モデル地区とされ、ほとんどの列車がディーゼル化された。それが一変したのは1972年の東京地下駅完成、総武線複々線化で東京都心と千葉、房総が直結された。それを機に登場した183系特急「さざなみ」は短距離特急の元祖といわれ、それまでのローカル線が一挙に特急街道となった。その後の「特急時代」のさきがけでもあった。

　内房線はじめ房総鉄道の特徴は夏の海水浴輸送で、1960年代初めから夏は臨時ダイヤを組み、海水浴臨時列車が多彩な車両で運転された。本書には当時の海水浴臨時列車の写真も多数掲載されている。

　今の内房線は東京湾アクアライン、それに接続する高速道路の影響で以前のにぎわいは見られないが、地域の足として欠くことのできない存在で今日も走り続ける。

　本書は内房線を中心に房総半島の里山を走る久留里線、小湊鐵道、そして工業地帯を走る京葉臨海鉄道をあわせて取りあげた。ここ数十年間の移り変わりを回想していただければ幸いである。

2019年11月　山田　亮

1章
内房線

スカ色（横須賀線色）のクモユニ74が連結されている湘南色の113系普通列車。
◎安房鴨川〜太海　1984（昭和59）5月　撮影：安田就視

内房線の歴史

千葉への鉄道は銚子、成田方面が先行

　千葉県最初の鉄道は1894（明治27）年7月、総武鉄道が市川〜佐倉間に開通し、同年12月には市川から本所（現・錦糸町）まで延長されて東京市内へ乗り入れ、1897（明治30）年6月に銚子まで開通した。成田山新勝寺のある成田へは同年1月、成田鉄道によって佐倉〜成田間が開通し翌1898（明治31）年2月には佐原まで延伸された。さらに成田鉄道成田〜我孫子間が1901（明治34）年4月に開通し、翌1902年から日本鉄道海岸線に乗り入れ上野〜我孫子〜成田間の直通運転が始まった。1904（明治37）年4月には総武鉄道の本所（現・錦糸町）〜両国橋（現・両国）間が開通し隅田川の東側に達し両国は千葉方面へのターミナル駅となった。1907（明治40）年9月には総武鉄道は国有化され総武本線となった。なお日本鉄道は1906年に、成田鉄道は1920年に国有化されて常磐線、成田線となった。

房総への鉄道開通

　房総方面の鉄道は現在の外房線が先行した。1896（明治29）年2月、房総鉄道によって千葉〜蘇我〜大網間が開通した。翌1897年4月には上総一ノ宮、1899（明治32）年12月には大原に達した。1907（明治40）年9月には房総鉄道は成田鉄道とともに国有化され、房総線（後に房総東線）となった。

　現在の内房線の開通はやや遅れ、鉄道国有化後の1912年（明治45）年3月、木更津線として蘇我〜姉ヶ崎間が開通し、同年（大正元年）8月には木更津まで開通した。やや遅れた理由は、東京から木更津および南房総方面へは東京湾の船便があったからである。江戸時代には東京日本橋と木更津を結ぶ「木更津船」と呼ばれる船便があり、明治になってから蒸気船に代わった。木更津以南は1915年1月上総湊、1916年10月浜金谷、1917年8月安房勝山、1918年8月那古船形と順次延長され、1919（大正8）年5月に安房北条（1946年3月館山と改称）まで開通し、同時に木更津線は北条線と改称された。

　房総線大原以南の建設より木更津線安房北条までの建設が優先されたのは、東京湾入口の海岸線一帯が当時「要塞地帯」として軍事上重要だったからで、1930年には館山に旧海軍航空隊の基地が設置され「帝都防衛」にあたることになった。（現在は航空自衛隊館山基地）大貫以南は房総半島の

大正13年当時の「北條線」（現・内房線）時刻表

山が海岸に張り出しているため、山岳区間となりトンネルと曲線が多く蒸気機関車の煙が間断なく侵入し「タヌキいぶし列車」といわれた。トンネルの合間から見える東京湾や対岸の三浦半島は車窓の清涼剤であるが、要塞地帯のため戦時中は海側の窓はブラインドを下ろすように指示された。

館山から東に向きを変え内陸部を横断し、千倉から太平洋側にでて、1921年6月南三原、1922年12月江見、1924年7年太海と延伸し、1925（大正14）年7月安房鴨川まで開通した。

国有化後の房総線大原以南は1913年6月勝浦、昭和に入り1927年4月上総興津と延伸し、1929（昭和4）年4月に安房鴨川まで開通した。房総半島を一周する鉄道が開通したことになり、列車は安房鴨川でそのまま直通する循環運転で千葉へ戻った。1933（昭和8）年4月から千葉～大網～安房鴨川間が房総東線、蘇我～館山～安房鴨川間が房総西線と改称された。千葉～蘇我間が房総東線なのは千葉～大網間が房総鉄道として開通した歴史を反映している。

両国橋から直通運転と総武線の電車化

全通翌年の1930（昭和5）年10月時点では、房総西線の列車は両国橋（1931年10月、両国と改称）から直通し千葉で進行方向が変わった。両国橋～館山間は約3時間40分、両国橋～安房鴨川間は約4時間40分ですべて普通列車だったが、停車駅を減らした快速列車が不定期列車として設定され、夏の海水浴シーズンなどに運転された。両国橋～千葉間は電化されておらず各駅に停車し、約1時間を要したが、錦糸町だけにとまる快速列車もあり同区間39分（上り42分）だった。東線経由は両国橋～安房鴨川間約4時間だったが、千葉、大網の2駅で進行方向が変わった。戦前の房総東西線、総武本線、成田線はハチロクと呼ばれた8620形蒸気機関車が主力で木造客車および貨物列車を牽引し、1938（昭和13）年以降、中型蒸気機関車C58形が投入され8620形とともに旅客、貨物を牽引した。

1932（昭和7）年7月、隅田川を渡り両国～秋葉原～御茶ノ水間に高架線が開通し省線電車によって東京都心に達した。総武本線の電化は市川、船橋と延伸し1935（昭和10）年7月、千葉まで省線電車が運転開始された。同時に両国発の客車列車は本数が減り両国～千葉間ノンストップになった。なお、千葉行きの電車は京成電気軌道（現・京成電鉄）が先行し、1921（大正10）年に京成千葉（位置は現在と異なる）まで、1926（大正15）年に京成成田まで開通している。

ディーゼル王国千葉へ

房総東西線は戦後しばらく蒸気機関車が煤けた木造客車を牽引していたが、国鉄では房総地区をディーゼル化モデル地区とし、1954（昭和29）年に千葉気動車区（千チハ）が発足し、同年10月改正で房総東西線はディーゼル化され増発された（朝夕は蒸気機関車牽引の客車列車も運転）。房総半島は独立した地区であること、運行距離が長くないこと、沿線人口や行楽客が多くフリークエントサービス（頻発運転）の必要があることが理由である。

投入されたキハ10系（キハ17など）は1953年に登場した国鉄初の液体式ディーゼル動車だが、ローカル線用で車体幅が狭く、座席も狭く貧弱で長時間乗車には不向きで、外観はいわゆるバス窓である。なお、房総東西線の列車は安房鴨川で西線→東線、東線→西線と直通し房総を一周し、大網のスイッチバックのため千葉へ戻っても編成の向きは変わらなかった。

ディーゼル準急列車の登場

房総東西線最初の優等列車は1958（昭和33年）11月に登場したディーゼル準急「房総」（両国～館山間および東線経由両国～安房鴨川間）でキハ20系を使用し、両国～千葉間は総武線銚子発着の編成を併結する「3階建」だった。両国～館山間2時間10分で、普通列車より約1時間速く好評で、その後増発され車両も準急用キハ55系となった。1961（昭和36）年10月の全国ダイヤ改正では準急は東線、西線それぞれ4往復（「房総」「京葉」各2往復）で新宿（または両国）～千葉間では東線経由

と西線経由の編成を併結した。1962年10月から愛称は西線が「内房」、東線が「外房」になり、この頃からキハ58系が投入された。

1963(昭和38)年4月には千葉駅が移転し、両国から房総方面への千葉でのスイッチバックが解消された。1965年10月改正では準急は西線「内房」、東線「外房」各6往復となり新宿(または両国)間で「内房」と「外房」を併結し、そのうち4往復は東線と西線を直通して房総半島を一周する循環準急だったが列車名は安房鴨川で変わった。(翌1966年3月から100km以上の準急は急行となった)

内房線の電化と電車特急の登場

千葉から市原、木更津、君津にかけては遠浅の海岸線が続いていたが、埋め立てによって大工場が進出し京葉工業地帯となった。川崎製鉄千葉製鉄所(現・JFEスチール東日本製鉄所千葉地区、1953年操業開始)、八幡製鐵(現・日本製鉄)君津製鉄所(1965年操業開始)はその代表格である。それに伴い旅客、貨物とも輸送量が急増し、単線非電化のローカル線では対応できなくなった。

南房総も首都圏のリゾート地として観光客が増加しており、房総東線および西線の電化、複線化が推進されることになった。電化は房総西線が先行し、1968(昭和43)年7月、千葉〜木更津間が電化開業し、翌1969年7月千倉まで延伸し房総西線は全面的に電車化され、急行「うち房」は165系電車となり、普通電車も113系および72系旧形車で運行された。1971年7月、電化は安房鴨川まで延長され、複線化も1970年3月に君津まで完成した。

首都圏の人口増加に対応して総武線の複々線化が行われ、1972(昭和47)年7月、東京〜錦糸町地下新線および東京地下駅が完成し、錦糸町〜津田沼間の複々線化も完成した。同時に房総東線蘇我〜安房鴨川間の電化も完成し、房総西線は内房線、房総東線は外房線と改称された。

この改正で東京〜館山、千倉間に特急「さざなみ」、東京〜安房鴨川間に特急「わかしお」が183系電車で登場した。「さざなみ」は東京〜館山間128.9kmを1時間50分台で結んだが、従来の常識を破る短距離特急で実質的値上げともいわれた。165系電車の急行も半島一周の循環急行として残り、内房線→外房線が「なぎさ」、外房線→内房線が「みさき」となった。113系1000番台(地下乗り入れ対応)による快速電車も東京〜木更津、君津間に登場した。1982(昭和57)年11月改正で、急行は廃止されすべて特急に統一された。

東京湾アクアラインと「さざなみ」削減

1991(平成3)年3月、新宿、横浜〜成田空港間に「成田エクスプレス」が運転開始され、「さざなみ」「わかしお」は総武線から押し出される形で京葉線経由となったが、千葉を通らないこと、東京駅での乗換えが不便になったことで乗客の不満は強くなった。1993(平成5)年には白、青、黄の3色塗分けの255系が登場し「ビューさざなみ」「ビューわかしお」が登場した。

1997(平成9)年12月、東京湾アクアラインが開通し、その影響で1998(平成10)年12月から「さざなみ」の一部が君津〜館山間普通列車となった。さらに館山自動車道(2007年、千葉南IC〜富津中央IC間全線開通)と富津館山道路(2004年、富津竹岡IC〜富浦IC間開通)の影響で都内から木更津、君津、南房総方面へは高速バス利用が中心になり、2005年12月からデイタイムの「さざなみ」は臨時列車(土休日および多客期運転)となった。

その後も「さざなみ」の削減は続き2015年3月改正では平日の館山発着「さざなみ」は廃止され、その代わり東京〜館山間にE217系の特別快速1往復(平日運転、東京発8:02、館山発17:07)が登場したが2017年3月に廃止された。現在では朝上り、夕方夜間下りの通勤用「さざなみ」(東京〜君津間、京葉線経由)、土休日に「新宿さざなみ」(新宿〜館山間、総武線経由)が運転されるだけとなっている。車両はE257系500番台(一部は255系)である。

普通電車は209系2000番台・2100番台へ

内房線および外房線の普通電車は全線電化後も113系および旧型72系電車で運行された。72系は100km以上走るにもかかわらず、ロングシートで便所はなく苦情も多かったが、1977年9月にようやく定期運用が終了し113系(横須賀線色)に統一された。

2006年10月から211系ロングシート車(側面帯は黄色と青色)が転入し113系とともに運行され

たが、2009年10月から209系2000番台（両端のクハが一部クロスシート化）が転入し運行を開始し、それに伴い211系は2009年から長野地区に転出し2011年9月で定期運用が終了した（総武、成田線の211系は2013年3月まで運行）。113系も2011年9月に定期運用が終了した。今の内房線は209系2000番台・2100番台の普通電車中心でかつて海水浴臨時列車が満員で走った時代と比べ寂しい限りだが、今日も地域の足として走り続ける。

房総の夏の名物、海水浴臨時列車

約20年前まで夏季の房総方面（内房線、外房線）は臨時ダイヤを組み、海水浴輸送の臨時列車を多数運転していた。市販の時刻表7、8月号には房総の夏ダイヤとして別刷りで掲載された。

わが国に中産階級が出現した大正時代半ばから房総海岸や九十九里が避暑地、海水浴場として注目され、地元の漁師が自宅の一部を海水浴客に開放する今でいう民宿が出現した。昭和初期の1930（昭和5）年時点では両国～安房北条（現・館山）間、両国～安房鴨川間に不定期の快速列車が設定され、夏の海水浴シーズンに運転された。臨海学校へ行く小学生を運ぶ臨時列車（学童臨）も運転され、西線は「さざなみ」、東線は「うしお」のテールマークを客車の最後部に掲げ、1940（昭和15）年夏まで運転された。

戦後、世の中が落ち着いた1950（昭和25）年夏から海水浴臨時列車が運転された。夏の海水浴客は年々増え、1961（昭和36）年から夏の夏季輸送特別ダイヤを組むようになった。昭和30、40年代は一般家庭にエアコン（冷房）はなく、夏の暑さをしのぐため若者のグループや家族連れが海水浴場に殺到した。当時は道路事情が悪く自家用車（マイカー）も今ほど普及しておらず鉄道利用が中心であった。

千葉の夏季輸送の特徴は全国からディーゼル車および客車を集めて臨時準急、臨時快速を運転したことである。筆者は小学2年生だった1961年夏、家族で房総東線上総興津に海水浴にでかけたが、往きに両国から乗った臨時準急「清澄」はキハ58系の新車でまさにピカピカだった。同年10月ダイヤ改正用に製造された車両を先行使用したものである。

当時注目された臨時列車として1963年夏に運転されたＤＤ13形ディーゼル機関車が重連で電車を牽引する臨時準急「汐風」（中野～館山間）がある。電車は東海形153系で、千葉以遠はＤＤ13形重連が車内照明用電源のディーゼル発電機を積んだ電源車クハ16と153系電車を牽引した。非電化区間はホームが低いため、ホームに踏み段を置いて乗降した。翌1964年夏にもこの方式で運転されたが電車は湘南形80系だった。

臨時列車の愛称は年によって変わり、1966年夏は西線のディーゼル急行（この年から100キロ以上走る準急は急行になった）が「汐風」、蒸気牽引の客車快速が「かもめ」、東線のディーゼル急行が「清澄」だったが、驚くべきことにキハ10系（キハ17など）が房総西線の急行「汐風」として運転されたが不評で、翌1967年には快速として運転された。1967年夏にはロングシートのキハ35が臨時急行に1両だけ連結されていた。1968年夏にはＤＤ51形ディーゼル機関車の牽く臨時客車急行「うち房」が運転された。

翌1969年夏からは千倉までの電化が完成したため様変わりし、臨時急行は電車化され165系のほか113系、東北・高崎線から応援の115系も使用された。臨時快速には中央・総武線各駅停車のカナリア色101系も使用されたが、便所がなく問題が多かった。1972年7月の房総一周電化完成後は183系の臨時特急「さざなみ」および113系1000番台（地下乗入れ用）11両の快速「青い海」が東京～館山、千倉間に運転された（外房線快速は「白い砂」）。

1970年代も後半に入るとレジャーの多様化、家庭用エアコンの普及さらに自家用車の普及で鉄道利用の海水浴客も年々減少し、臨時列車の運転も減少してゆく。快速「青い海」の運転は1989年夏が最後で、その後は「ホリデー快速内房」として土休日運転（通年）になり、1997年夏および1998年夏は「ホリデー快速青い海」（東京～千倉間）として土休日に1往復運転されたが、1998年夏で運転は終了し房総名物？の夏季ダイヤもこの年で終わった。

千葉駅

ちば
【所在地】千葉市中央区新千葉１−１−１
【開業年】1894（明治27）年７月20日
【キロ程】3.8km（蘇我起点）
【乗車人員】108,121人（2018年）
【ホーム】５面10線

1968年７月の千葉〜木更津間電化時、同区間には72系旧形国電が投入された。全金属製のクハ79920番台を先頭にした木更津行き。画面左の１、２番線ホームには総武・中央線各駅停車が発車し101系が１番線に停まっている。◎千葉　1968（昭和43）年７月13日　撮影：荻原二郎

1968（昭和43）年７月13日、千葉〜木更津間電化完成初日の千葉駅とそれを記念するホーム上の飾りつけ。４番線からキハ58系ディーゼル急行「うち房」両国発安房鴨川行きが発車（後部から撮影）左は５番線停車中のキハ35系の普通列車。房総西線（1972年７月15日に内房線と改称）は京葉工業地帯の発展および南房総への観光客増加に対応し、最初に1968年７月に千葉〜木更津間が電化され、翌1969年７月に千倉まで電化された。◎千葉　1968（昭和43）年７月13日　撮影：荻原二郎

千葉駅3番線を発車する千倉〜安房鴨川間電化記念列車の165系。◎千葉　1971(昭和46)年7月1日　撮影：荻原二郎

郵便電車クモハユ74。1969年の内房線千倉電化時にモハ72を両運転台に改造して登場したクモハユ74形。客室と郵便室があり、郵便室には窓がない。客室部分に乗客を乗せたことはほとんどなく、荷物室として使用された。旧型車(72系)、新性能車(101系、113系)のいずれとも連結運転が可能で内房線、外房線などで運行された。◎千葉　1971(昭和46)年2月13日　撮影：荻原二郎

1963(昭和38)年4月に移転した千葉駅(画面右)と旧・千葉駅(画面左下)。移転前は旧・千葉駅で房総方面の列車にスイッチバックしており、画面中央に房総方面の旧線が見える。京成電鉄は1957(昭和32)年まで旧・千葉駅の南側(画面左側の中央部)を大きくカーブして市中心部へ向かい、そこに京成千葉駅があった。画面上方に千葉港、川崎製鉄、千葉製鉄所、東京電力千葉火力発電所が見える。
◎1962(昭和37)年8月1日　提供:朝日新聞社

1971（昭和46）年7月1日、千倉〜安房鴨川間が電化され、房総西線（現・内房線）が全線電化され、電車急行「うち房」が館山を経由して安房鴨川まで延長された。写真はそれをＰＲするポスター。電化は海水浴シーズンに間に合わせるため7月に実施された。
◎千葉　1971（昭和46）年7月1日　撮影：荻原二郎

1969（昭和44）年7月11日、南房総への観光客増加に対応し房総西線（現・内房線）木更津〜千倉間が電化され、急行うち房が165系電車となった。写真は4番線に停車中の新宿発千倉行き109M「うち房8号」（新宿14:51〜千倉17:15）。
◎千葉　1971（昭和46）年1月1日　撮影：荻原二郎

千葉に到着するカナリア色101系の中野発木更津行き快速電車。快速区間は御茶ノ水－千葉間で房総西線（現・内房線）内は各駅停車だった。
◎千葉　1970（昭和45）年10月6日　撮影：荻原二郎

千葉駅周辺（1965年）

国土地理院地図

蘇我駅 そが

【所在地】千葉市中央区今井２−５０−２
【開業年】1896（明治29）年１月20日
【キロ程】0.0km（蘇我起点）
【乗車人員】34,244人（2018年）
【ホーム】3面6線

上り電車の運転台直後から撮影した房総西線（現・内房線）下り電車君津行き。先頭車は全金属製クハ79920番台。房総西線電化時には４ドア、ロングシートの旧型72系電車６両編成が投入されたが、板張りの車内、激しい揺れで利用者にとって電化への期待を裏切られた形となった。画面左の線路は京葉臨海鉄道（1963年開通）。◎蘇我〜浜野　1971（昭和46）年５月15日　撮影：荻原二郎

浜野駅に入線する準急「京葉」。沿線に工場が進出する前で、のどかな風景が続いている。◎浜野　1959（昭和34）年８月４日　撮影：小川峯生

現在の蘇我駅。

浜野駅
はまの
【所在地】千葉市中央区村田町700
【開業年】1912（明治45）年3月28日
【キロ程】3.4km（蘇我起点）
【乗車人員】7,615人（2018年）
【ホーム】1面2線

現在の浜野駅。

八幡宿駅
やわたじゅく
【所在地】市原市八幡930-3
【開業年】1912（明治45）年3月28日
【キロ程】5.6km（蘇我起点）
【乗車人員】11,852人（2018年）
【ホーム】1面2線

現在の八幡宿駅。

京葉線に直通する205系は2011年に運用離脱した。現在は209系500番台とE233系が使用され、早朝に上総湊始発も設定されている。また、夜間に間合い運用で千葉駅に乗り入れることもある。

五井駅 ごい

【所在地】市原市五井中央西２－１－11
【開業年】1912（明治45）年３月28日
【キロ程】9.3㎞（蘇我起点）
【乗車人員】18,886人（2018年）
【ホーム】２面４線

五井駅の駅舎。◎五井　1971（昭和46）年２月13日　撮影：荻原二郎

Ｃ58 217（佐倉機関区）が牽引する房総西線（現・内房線）貨物列車。房総西線および房総東線（現・外房線）では旅客列車はＣ57、Ｃ58、貨物列車はＣ58が牽引した。Ｃ58 217は1941（昭和16）年公開、当時の鉄道連隊で学徒兵を機関士に養成する厳しい訓練を描いた映画「指導物語」で主役を務めた機関車で当時は千葉機関区に所属していた。◎五井　1965（昭和40）年２月17日　撮影：荻原二郎

『市原市史』に登場する小湊鐵道と南総鉄道

小湊鉄道

　明治45年5月鉄道建設創立事務所を千葉町に置き、紅谷四郎平（千葉割引銀行頭取）を主班として原村斧太郎（玉前）を書記に招いた。原村書記は1人であったが、彼は事業達成のために粉骨細身事務所内に単身起居生活すること6年間の努力を続けたのであった。大正2年7月発企人会は資本金220万円をもってその筋へ敷設免許を申請して、同2年11月免許されたのが小湊鉄道株式会社の起源である。路線の起点を八幡の案が出たところ、地元民に反対されたため、斎賀文太の活躍によって五井にきめられたのである。こえて大正5年2月になり、やむなく資本金150万円に減じて申請し翌3月に許可されたので、同6年5月19日をもって小湊鉄道株式を創立した。

　大正13年同社がアメリカから輸入したボールドウイン1号車と2号機関車がある。またイギリスのベイヤーピーコツ社が明治27年に製造した機関車もあるが、小湊鉄道が昭和21年に国鉄から払下げたもので、3台はともに市原市内を走った機関車で、市原地方産業の発展と交通運搬に貢献したものである。千葉県はこれを永く保存するため、昭和55年2月に千葉県有形文化財とし指定したのである。

南総鉄道

　南総鉄道は小湊鉄道に連絡させて房総半島を横断し、小湊鉄道とともに万田野砂利輸送を主体として茂原を起点に計画したが、その目的は中途で終ってしまった。

　大正14年9月3日茂原鶴舞間17.6キロの敷設認可を得たが、5年後の昭和5年8月になってから、かろうじて茂原笠森間11.2キロを開通したが、笠森奥野間1キロはトンネル工事のため予想以上の経費を要したので、既定方針であった鶴舞までの延長は実現しなくなった。またこの鉄道は笠森から牛久まで延長する予定で測量してみたが、これもまた取止めとなって、その後この南総鉄道株式会社は解散した。

五井駅周辺（1965年）

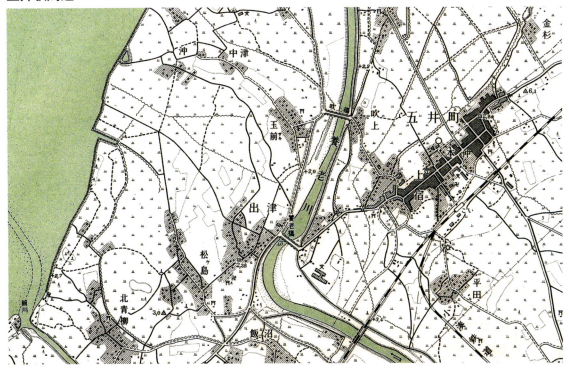

国土地理院地図

27

ＤＦ10牽引貨物列車と顔を合わす小湊鐵道のキハ200
◎五井　1980（昭和55）年10月19日　撮影：安田就視

五井に到着した両開き3ドア、ロングシートのキハ35 71（千チハ、千葉気動車区所属）を先頭にした安房鴨川行き。行先札は「安房鴨川行（館山経由）」となっている。1961年に関西本線湊町〜奈良間に投入された通勤形ディーゼル車キハ35系は沿線人口の増加でラッシュ時の混雑が激しくなった房総西線（現・内房線）にも投入された。2両目の中間車キハ17は車体幅が狭く、狭いクロスシートでひじ掛けもなく居住性が劣った。
◎五井　1965（昭和40）年2月7日　撮影：荻原二郎

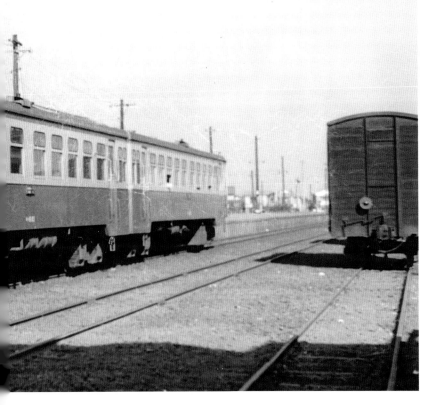

五井に到着したキハ17の2両編成。木更津までの区間列車と思われる。◎五井 1963（昭和38）年12月22日 撮影：荻原二郎

姉ヶ崎駅

あねがさき

【所在地】市原市姉崎528-2
【開業年】1912（明治45）年3月28日
【キロ程】15.1km（蘇我起点）
【乗車人員】10,218人（2018年）
【ホーム】2面4線

千葉～木更津間電化時に朝夕ラッシュ時に千葉発着で姉ヶ崎折返しの電車が運転された。乗務員が手作業で行先札（通称、前サボ）を交換するところ。クハ79 300番台を先頭にした72系6両で、津田沼電車区（千ツヌ、現在は習志野運輸区）所属、総武・中央線各駅停車から回ってきた車両。
◎姉ヶ崎 1968（昭和43）年7月13日 撮影：荻原二郎

姉ケ崎付近を走る天然ガス動車（キハ42000とキハ41000）。最後は燃料不足から、地元で産出する天然ガスを燃料とした。天然ガス動車が走った沿線では特産の「海苔」が養殖され、天日干しされている。◎1951年　提供：毎日新聞社

長浦駅

ながうら
【所在地】袖ケ浦市蔵波5
【開業年】1947（昭和22）年1月10日
【キロ程】20.5km（蘇我起点）
【乗車人員】6,121人（2018年）
【ホーム】1面2線

県道沿いにある長浦駅舎とキハ10系の安房鴨川行き普通列車6両編成。先頭はキハ17で2両目は運転台のない中間車キハ18、3両目は車体断面の広いキハ25（キハ20を片運転台とした車両）駅舎にはトラベルフォトニュース（国鉄広報部発行）が貼ってある。国鉄の電化、複線化やダイヤ改正、新型車両の情報を伝える情報源だった。◎長浦 1966（昭和41）年2月26日　撮影：荻原二郎

長浦到着の安房鴨川行き。先頭と3両目はロングシートのキハ35。2両目はキハ10系の中間車キハ18（運転台なし）、キハ10系（キハ17など）とキハ35は車体断面のサイズが異なり、連結した場合はキハ10系の小ささが目立ち凹凸編成といわれた。◎長浦　撮影：山田虎雄

袖ヶ浦駅

そでがうら
【所在地】袖ケ浦市奈良輪1198
【開業年】1912（大正元）年8月21日
【キロ程】24.4km（蘇我起点）
【乗車人員】5,427人（2018年）
【ホーム】1面2線

現在の袖ヶ浦駅南口

楢葉（ならは）（1974年3月、袖ケ浦に改称）に停車中のキハ20とキハ17の千倉行き。キハ20は初期の車両でいわゆるバス窓であるが、車体の幅、高さが広がり、準急用キハ55系と同じクロスシートで居住性は大幅に改善された。キハ10系と連結した場合は車両断面が異なり凹凸編成といわれた。袖ケ浦には1982年に千葉陸運事務所袖ケ浦支所が設置され袖ケ浦ナンバーで知られるようになった。
◎楢葉（現・袖ケ浦）1966（昭和41）年2月26日　撮影：荻原二郎

『袖ヶ浦町誌』に登場する内房線

総武鉄道・房総鉄道

　千葉県下に初めて鉄道が開通したのは明治27(1894)年7月20日である。総武鉄道会社によって市川・佐倉間の運転が開始された。
　明治20(1887)年の末、武総・総州の両鉄道会社が千葉県知事船越衛に設立願書を提出した。
　この設立に対して船越知事は賛意を示さなかった。その理由は、千葉県は海に囲まれて海上交通が発達しているから鉄道は必要がないであろうし、また敷設しても収支の採算に疑問があるというのである。しかし両鉄道会社の強い要請によって、やむなく設立願書を内閣に進達した。井上勝鉄道局長官も内陳書と同意見で、この願書は翌21(1888)年1月25日付で却下されてしまった。
　県内に鉄道を……という念願はこれによって挫折することなく、有力者の間で協議が重ねられた。その結果2者競願の愚をさけ、両者合体して総武鉄道会社を設立することになった。資本金120万円、発起人は伊能権之丞・安井理民の両名のほか、県会議長として武総・総州両鉄道出願に反対の態度をとってきた池田栄亮と、東京市本所区横川町の大貫実の2人を加えている。この陣容で再度の設立願書は明治22(1889)年2月22日に千葉県知事石田英吉より内閣に進達された。内閣は同年4月19日、発起人に対して本所・八街間の仮免許状を下付した。
　有力者によって積極的に進められた鉄道敷設については、当時の一般大衆の理解を得ることが極めて困難であった。流言に基づく地元民の反対運動が起こった。
　明治27(1894)年7月市川・佐倉間が開通し、佐倉・銚子間延長の仮免許を得て、実測にとりかかったところ、地元に有力者の多い芝山・飯岡などは強力に反対した。
「汽車が通ると煤煙で病気がはやる」
「煤煙で桑の葉が枯れて蚕が全滅する」
「汽車の通るのを眺めている時間だけ野良仕事が遅れる」
などということが言いふらされたのである。
　しかし銚子は町をあげて歓迎した。本所・銚子間全線開通したのは明治30(1897)年6月1日であるが、その翌年5月には町の中心にある銚港神社の社前に、町の有志たちは一対の灯籠を奉献して、その喜びを今日まで伝えている。
　明治37(1904)年3月に、本所(現錦糸町駅)から横網町(現両国駅、当時両国橋駅)まで開通した。
　明治21(1888)年東京市本所区中之郷瓦町太田実らの有志によって、資本金23万円の房総馬車鉄道会社が出願された。22(1889)年1月に認可を受けて、蘇我・茂原間と大網・東金間の用地買収にとりかかったが、近年まれな凶作と経済界の不況が重なって、この事業はついに中止の憂目をみることになってしまった。
　馬車鉄道は実現をみずして廃止され、普通鉄道に切り換えられることになった。社名も明治26(1893)年7月房総鉄道会社と改称された。
　房総鉄道会社の路線が、千葉・大原間全通するまでの経過を『千葉鉄道管理局史』の年表によってたどってみよう。

　明治26・9・7　蘇我・大網間の免許状が下付される(軽便鉄道)
　27・1　軽便鉄道の設計で蘇我・大網間の工事を起工したが、4月以降普通鉄道として工事を続行する。
　28・11　成東・一ノ宮間、千葉・蘇我間の仮免許状が下付される。
　29・1・20　蘇我・大網間11マイル開通する。
　29・2・8　成東・一ノ宮、千葉・蘇我間の免許状が下付される。千葉停車場における連絡に関し、総武鉄道と契約する。
　29・2・15　蘇我・千葉間3マイル開通する。
　29・5　一ノ宮・勝浦間の仮免許状が下付される。
　32・12・13　一ノ宮・大原間8マイルが開通する。
　33・6・30　大網・東金間3マイルが開通する。

　房総線が半島の東側へ回って、内湾地帯が顧みられなかったのはなぜであろうか。
　千葉・木更津間の路線は既に明治24(1891)年4月、鉄道庁長官より内務大臣に路線調査の意見が具申され、第3回帝国議会で貴衆両院の協賛を得て採択されていたのである。房総鉄道会社でも、明治31(1898)年に蘇我から木更津まで延長の免許を受けたが実現せず、同37(1904)年10月に失効となってしまった。その理由としては内湾は海上交通が発達し、木更津はその要衝であるために鉄道の必要度は少なく、また採算

の見通しにも疑問があるというのである。
　房総の東京湾岸を汽車が走るようになるのは、明治39（1906）年3月31日鉄道国有法が公布され、総武・房総両鉄道会社が買収された明治40（1907）年9月1日以降になるのである。
　ここで鉄道国有化の顛末を簡単に述べておこう。投機の対象となっていた私設鉄道にはいつも経営上の不安がつきまとっていた。経済界の不況の波におされて新設路線の工事が中止され、解散のやむなきに至る会社もあるような状態であった。国民生活と密着し、経済軍事の両面から考えても、国家的な性格の強い鉄道について、井上勝鉄道庁長官は明治24（1891）年に「鉄道の政略に関する議」を政府に具申した。翌25（1892）年6月法律第4号として公布された鉄道敷設法は、「国に必要な鉄道を完成するための予定線の調査と、この結果に従って逐次鉄道の敷設に着手すること」を定めた法律である。この法律によって、鉄道網の完成という鉄道国有化の理念が打ち立てられたのである。
　これまで私設鉄道条例、私設鉄道法によって官私相並んで鉄道の普及を進めてきたが、官線と私線あるいは私線相互の間の運輸系統が錯綜して連絡の便を欠き、輸送の遅延・運賃の不経済等の問題が続出して、鉄道国有化の論が民間からも出るようになった。加うるに日清・日露の両戦役の経験から軍部の強い意見も出て、明治39（1906）年第22回帝国議会において、ついに鉄道国有化法案が可決されたのである。
　帝国鉄道庁の官制に基づいて両国営業事務所が誕生し、従来鉄道建設の遅れていた房総の内湾地帯にも、待望の鉄道路線が伸ばされることになった。明治44（1911）年4月8日、房総線建設事務所が東京に設置された。翌45（1912）年3月25日には木更津線が浜野まで開通して浜野駅が開業し、続いて28日には姉ヶ崎まで開通して、八幡宿・五井・姉ヶ崎駅が開業した。大正元（1912）年8月21日には姉ヶ崎・木更津間が開通して、同日楢葉・木更津の両駅が開業した。
　木更津線はさらに南へ伸びて、大正8（1919）年5月24日木更津・安房北条間が開通し、以後北条線と呼ばれることになった。北条線は大正14（1925）年7月11日に安房鴨川まで開通した。
　一方の房総線は、明治45（1912）年までに東金・成東間が開通し、大正2（1913）年には大原・勝浦間が開通した。勝浦・鴨川間の特に興津・鴨川間は「おせんころがし」の断崖が海にせまって最も難工事であったが、ついに開通して昭和4（1929）年4月15日房総環状線が誕生した。以後房総線を房総東線、北条線を房総西線と呼ぶことになった。

蒸気機関車

　鉄道といえば、蒸気機関車を懐しく思い起こす人が多いであろう。この蒸気機関車が初めて日本で製作されたのは、新橋・横浜間に鉄道が開通してから22年目のことである。すなわち明治26（1893）年6月に神戸工場で、英人技師トレビシップの指導のもとに1B1型複式機関車が誕生した。
　以来国有鉄道の工場ばかりでなく、川崎造船所・汽車製造会社、日立製作所笠戸工場、日本車輌会社、神戸三菱造船所でも国鉄の機関車を製造するようになった。民間と国鉄と提携して研究が進められたために、日本の機関車製造技術は長足の進歩をとげ、昭和10（1935）年には列国との競争に打ち勝って、機関車をタイ国へ輸出するまでになったのである。
　機関車の記号について簡単にふれておくと、わが国で最初に造られた機関車の1B1型というのは、先軸が1軸で動輪が2軸後輪が1軸というのである。このアルファベットの記号は動輪の形と動軸数を示していて、BはB型の動輪で2軸、CはC型の動輪で3軸、DはD型の動輪で4軸というのである。C51135とあるのはC51の135と読んで、C型動輪（3軸）の51型で135番目に製造された機関車ということになる。
　その後も研究改良が重ねられて多くの新型機関車が誕生した。大正8（1919）年に製作されたC51型は、海外技術陣の驚異の的だったという。昭和5（1930）年より東海道本線の特急「つばめ号」の機関車として東京・大阪間を9時間で走ったのは、このC51型機関車である。
　輸送量はますます伸びて、大型機関車が要望されるようになり、多くの新型機関車が生まれた。C53（流線形）、C54・C55・C57、小型のD50に代わって大型のD51などが製作された。中でもD51はデゴイチと愛称されて、多くの鉄道ファンに歓迎された機関車である。

気動車

　閑散な線区で小単位の列車を運行させるために、気動車が製作されたのは明治42（1909）年である。この最初の蒸気動車は大正14（1925）年に至って、内燃動車が輸入されるようになり次第に減少していった。

昭和4(1929)年には国産のガソリン動車が製作された。これは全長12メートルという小型であったが、続いて200馬力6気筒時速75キロメートル、全長20メートルのガソリン動車が造られた。小区間でしかも輸送情勢の頻繁な千葉管区は、これらガソリン動車の活躍に好適な地域であったので盛んに使われた。昭和10(1935)年ごろが最盛期で、千葉・木更津間も走っていた。

次にガソリン機関より効率がよく経済的なディーゼル動車が出現した。しかし間もなく日中事変が激しくなって、燃料の規制が行われるようになり、これら気動車はみな休車の状態になってしまった。

終戦後の昭和24(1949)年4月から、天然ガスを燃料とするガス動車が現れた。これは茂原産の天然ガスをボンベに詰めて使用するもので、戦後輸送のピンチヒッターであった。翌年4月25日から千葉・木更津間には1日4往復のガス動車が走るようになった。

昭和27(1952)年8月、全国に先がけて千葉管区に採用された44000型気動車は、電気式ディーゼル動車で非常に性能のすぐれたものであった。以後蒸気機関車の引く列車は次第にこの気動車にふりかえられていくようになった。房総西線にディーゼル動車が走り始めたのは昭和29(1954)年10月1日からである。

電車

都市と郊外を結ぶ電車は、明治37(1904)年甲武鉄道会社が東京の飯田橋・中野間に電車運転

袖ヶ浦駅周辺（1965年）

国土地理院地図

を開始したのが最初である。それから間もなく39（1906）年10月に鉄道国有法によって買収となり、当時お茶の水・中野間を走っていた電車は鉄道院の「院線電車」と愛称された。これは後に鉄道省の「省線電車」、国有鉄道の「国電」と呼ばれるようになった。

明治42（1909）年には山手線が電車となり、大正3（1914）年には、東京駅の開業にあたり東京・高島町（現横浜）間に電車運転が開始された。

電車の構造も次第に改良され、最初ポールを上げて走っていた小さな木造電車もパンタグラフ装備の鋼鉄製となった。

千葉鉄道局管内における電車運転の始まりは、昭和7（1932）年7月にお茶の水・両国間が開通してからである。翌年3月には市川まで、つづいて9月には船橋まで電化され、昭和10（1935）年7月に至ってようやく千葉まで電車が運転されるようになった。

気動車の走っていた房総西線の電化はなかなか進まなかった。昭和36（1961）年7月21日には、蘇我・木更津間複線電化促進期成同盟が結成され、各方面への陳情運動が開始された。昭和43（1968）年に至って、ようやく7月11日千葉・木更津間の電化が完成し、15日から待望の電車が走り始めた。同時に複線化も完成した。

昭和46（1971）年7月15日には、総武線の東京駅地下乗入れ工事が完成して、乗継ぎは一層便利になった。この日から房総西線は内房線に、房総東線は外房線と呼称変更になった。

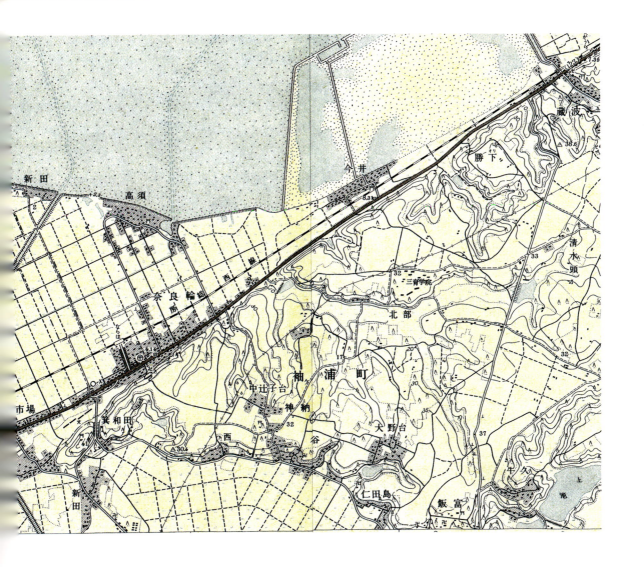

巖根駅

いわね
【所在地】木更津市岩根3-5-1
【開業年】1941（昭和16）年11月20日
【キロ程】27.5km（蘇我起点）
【乗車人員】1,755人（2018年）
【ホーム】2面2線

C57 70（佐倉機関区）が牽引する海水浴臨時列車さざなみ号。夏の海水浴シーズンには多数の臨時列車が運転された。このC57は煙突に「火の粉止め」を取り付けたため煙突が長く見え、形態的にバランスを欠きC57本来の美しさをそこなっているといわれた。
◎巖根　1968（昭和43）年7月13日　撮影：荻原二郎

巖根駅は1941（昭和16）年に旧海軍の要請で設置された。現在でも駅西側の海岸には陸上自衛隊の駐屯地および海上自衛隊の補給処がある。駅北側では東京湾アクアラインと交差する。写真の木造駅舎は現在でも使われている。◎巖根　1968（昭和43）年7月13日　撮影：荻原二郎

キハ26を先頭にした上り急行「うち房」、3両目には1等車キロ25を2等に格下げしたキハ26 400番台が連結されている。特急2等車と同じ一方向き2人掛け座席でこの車両に当たればラッキーだった。1968年7月から房総西線(現・内房線)の急行は定期、臨時ともに内房からうち房に改称された。◎巖根　1968(昭和43)年7月13日　撮影：荻原二郎

巖根でクハ79先頭の下り木更津行き電車と交換する上り快速列車さざなみ号。当時の時刻表から推定すると、左の快速列車は千倉発千葉行き「さざなみ3号」(千倉14:15～千葉17:19) 最後部は鋼体化客車オハフ61形。座席間隔は狭く、背板は板張りで車内は煤けていて不評だった。◎巖根　1968(昭和43)年7月13日　撮影：荻原二郎

上りの客車快速「さざなみ3号」は巖根で約6分停車し、木更津行き電車の次に来る新宿発千倉行き臨時急行うち房57号（新宿14:55〜千倉18:14）と交換する。先頭はキハ55を１エンジン化したキハ26。◎巖根　1968（昭和43）年７月13日　撮影：荻原二郎

巌根を発車する千葉発木更津行き普通電車。最後部はクハ79 300番台。津田沼電車区(現・習志野運輸区)所属の6両編成で中間車はモハ63改造ではなく最初から中間電動車として製造されたモハ72 500番台が中心である。◎巌根 1968(昭和43)年7月13日 撮影:荻原二郎

千葉〜木更津間電化初日に上り列車の運転台直後から撮影したC58 165(新小岩機関区)牽引の下り貨物列車。木更津電化の段階では貨物列車は蒸気機関車(SL)のままであったが1969〜70年にDE10形ディーゼル機関車となった。
◎楢葉(現・袖ケ浦) 1968(昭和41)年7月13日 撮影:荻原二郎

小櫃川鉄橋付近を行く165系10両の房総循環急行「みさき」。1972年7月改正時に登場した房総循環急行の愛称は外房→内房（外回り）が「みさき」、内房→外房（内回り）が「なぎさ」だった。◎巌根〜袖ケ浦　1975（昭和50）年1月　撮影：山田亮

小櫃川鉄橋付近を行く113系1000番台（クハ111に東京－錦糸町間地下線用ＡＴＣを装備）11両編成の君津発東京行き快速電車。当時はグリーン車が連結されていない。◎巌根〜袖ケ浦　1975（昭和50）年1月　撮影：山田亮

183系特急「さざなみ7号」(東京10:30～館山12:36、京葉線経由)。「さざなみ7号」は君津～館山間普通列車。東京湾アクアライン開通の影響で内房線の特急利用者が減り、昼間時間帯の「さざなみ」は君津～館山間普通列車になった。後ろから2、3両目はモハ182、183の1000番台でパンタグラフの位置が183系0番台と異なり、モハ182にパンタグラフがある。◎巖根～木更津　2000(平成12)年4月　撮影:山田亮

老朽化された183系の置き換え用として開発された255系は1993(平成5)年7月2日から「ビューさざなみ」「ビューわかしお」の運用に就いた。
◎巖根～木更津　2000(平成12)年4月　撮影:山田亮

東京方面へ向かうE217系による横須賀線直通快速(君津発久里浜行き)。後ろ3両は一部がクロスシートになっている。横須賀・総武線快速は1994年12月から113系からE217系への置換えが始まり1999年12月に完了した。◎巖根〜木更津　2000(平成12)年4月　撮影：山田亮

113系8両の上り千葉行き。横須賀線直通の快速がE217系になっても、千葉以遠の内房、外房線、総武、成田線の普通電車は113系(横須賀線色)で運行された。前から2、3両目はシートピッチの広いモハ112、モハ113の1500番台または2000番台。
◎袖ケ浦〜巖根　2000(平成12)年4月　撮影：山田亮

木更津駅

きさらづ
【所在地】木更津市富士見1-1-1
【開業年】1912（大正元）年8月21日
【キロ程】31.3km（蘇我起点）
【乗車人員】13,846人（2018年）
【ホーム】2面4線

千葉〜木更津間電化の飾りつけがある木更津駅ホーム。電化で千葉〜木更津間に電車が増発され、一部列車は木更津で電車からディーゼル車に乗換えになった。画面右の2番線に72系電車が停車し、写真左の1番線には接続のディーゼル車が止まり編成中にキハ45が見える。
◎木更津　1968（昭和43）年7月13日　撮影：荻原二郎

千葉〜木更津間電化完成の飾りつけがある木更津駅木造駅舎。駅開設以来の木造駅舎は1970（昭和45）年7月に橋上駅となり東口が開設された。現在は駅前（東口および西口）から東京湾アクアライン経由の都内および羽田空港、川崎、横浜への高速バスが発着している。◎木更津　1968（昭和43）年7月13日　撮影：荻原二郎

館山発両国行き準急「京葉（内房）」（館山8:03〜両国10:20）、本来なら「京葉1号」とすべきだが時刻表には「京葉（内房）」と記載。キハ20系4両で最後部はキハ25形キハ2556。千葉で安房鴨川発の準急「京葉（外房）」および銚子発の準急「京葉1号」と連結して両国へ向かう。
◎木更津　1961（昭和36）年7月16日

現在の木更津駅西口

1970年に改築された木更津駅の西口。橋上駅となっている。
◎木更津　1980年代後半　撮影：山田虎雄

木更津駅周辺（1965年）

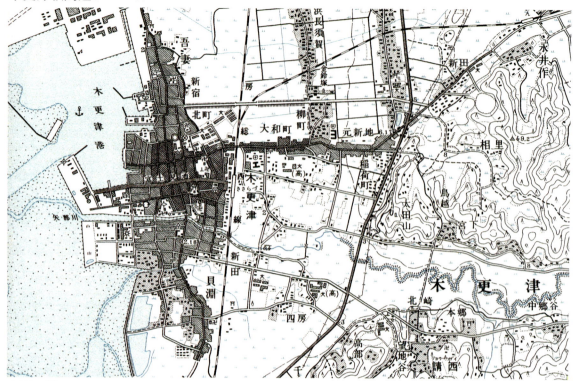

国土地理院地図

内房線113系ローカル電車に連結された横須賀線色（通称スカ色）の郵便荷物電車クモユニ74。左は佐倉機関区木更津支区（現・幕張車両センター木更津派出所）で久留里線のキハ35が見える。◎木更津　1975（昭和50）年1月　撮影：山田亮

電化直後の木更津を発車するC57 129（新小岩機関区）牽引の海水浴列車「さざなみ」。◎木更津　1968（昭和43）年7月

165系急行「うち房」。◎木更津　1971（昭和46）年5月15日　撮影：荻原二郎

君津駅

きみつ

【所在地】君津市東坂田1-1-1
【開業年】1915（大正4）年1月15日
【キロ程】38.3km（蘇我起点）
【乗車人員】8,251人（2018年）
【ホーム】2面3線

君津駅に入線するキハ58系。◎君津　1963（昭和38）年12月22日　撮影：荻原二郎

君津駅周辺（1965年）

国土地理院地図

現在の君津駅

君津を通過するキハ20系3両の準急「京葉」（両国16:20〜館山18:26）。左側には普通145列車（千葉16:26〜館山19:01）が待避し荷物の積み降ろしが行われている。準急「京葉」は両国〜館山、安房鴨川、銚子間の列車で千葉で3方面に分割し、上りは3方面から併合した。君津は漁村であったが1960年から埋立てが始まり1965年に八幡製鐵君津製鐵所（社名は新日本製鐵、新日鐵住金と変わり現在は日本製鉄君津製鉄所）が開設された。◎君津　1961（昭和36）年3月18日 撮影：荻原二郎

最新の設備で1965(昭和40)年に開設された八幡製鉄君津製鉄所。八幡製鉄、富士製鉄の合併(1969年)で新たに発足した新日本製鉄(現・日本製鉄)のホープと言われた。1968(昭和43)年第1高炉が完成して火入れを行った。
ⓒ1969(昭和44)年2月23日　提供:朝日新聞社

『君津市史』に登場する内房線

北条線（現内房線）の開通
鉄道誘致と周西駅の設置

　房総半島の東部は早くから鉄道が開通していたが（現外房線の一部）、東京湾側の西部の鉄道は、明治31（1898）年に蘇我－木更津間の免許を取得していながら着工しなかったために失効してしまった。しかし、41年9月に鉄道敷設運動が展開された。市原郡（現市原市の東京湾側）の町村長や君津郡町村長・安房郡町村長の連名で「鉄道敷設請願書」が提出された。代表は当時の木更津商工会長梶善助で、当時の逓信大臣後藤新平あてに送付した。内容は、
①北総は鉄道敷設は縦横に完成しているが、南部は蘇我町で終わっている。これを館山まで開発すれば、房総の開発が進み便利にもなるであろう。
②先の帝国議会で、第2期に編入され、20年には第1期に編入された房総の交通不便の救済、産業開発などのため早急に建設を進めてほしい。
という請願理由を添付した。

　この効果があったのか、当時の鉄道院は木更津線の名称で、明治45年3月28日に、まず、蘇我－姉ケ崎間15.1キロメートルが開通し、次いで、8月21日に姉ケ崎－木更津間16.2キロメートルの開通を見るに至り、全長31.3キロメートルで千葉駅から総武線に接続し、木更津から東京まで直通で行けるようになった。

　この線が市域を通過する工事については、明治45年4月に「木更津北条間鉄道線路測量につき協力依頼」の通知が、周西村長保坂亀次郎の署名入りで、大和田地区に残されている。内容は「鉄道線路測量のため、村内に入り測量やその他の調査をする。測量をした標識は決して抜き取ってはいけない。」ということを周知徹底させる文書である。また、大正元年11月には「鉄道用地分筆登記委任に関する通知」が同じく周西村長名で、大和田地区に発送されている。内容は、土地の登記変更のことで、書類提出記入上の注意である。

鉄道敷設工事

　木更津から上総湊に至る新線の建設は、大正元年12月1日に起工され、大正4年1月14日に竣工した。その延長14マイル8分、工事には2年1か月余りの日数を要した。レール数320本、枕木2240本を要し、その工事は鉄道工業株式会社と鹿島組の工事請負で行われた。この間の昇降駅は木更津・周西・青堀・大貫・佐貫・湊の6駅であった。

　この建設工事において開鑿された隧道は6か所、橋梁は15か所、溝梁は23か所で、そのもっとも難工事の場所は子安隧道であった。同所は岩石粘着土と異なりまったくの砂質であったために、開鑿工事中崩落の危惧があった（大正4年1月16日付「東京朝日新聞」房総版）。

　（中略）

北条線開通

　大正4年1月15日、午前5時50分、号砲を合図に北条線第1発の列車が一声の汽笛と共に徐々に木更津駅のプラットホームを離れた。これに先立ち1月5日には、北条線の試運転が行われており、好成績を納めている（大正4年1月7日付「東京朝日新聞」房総版）。北条線開通にあたって、木更津町の各商店は祝意を表すために特売を計画し、そのための割引乗車の許可を同駅に交渉した。同駅では直ちに監督局に照会しその指令を待つこととしたが、中間駅の開通ということで許可されなかったため、再度出願している（大正4年1月12日付「東京朝日新聞」房総版）。

　また、木更津町では、当日盛大な祝賀会を催すべく、300円支出することを決議し、当日は町内の各戸に国旗を掲揚し、早朝から100余りの煙火を打ち上げた。駅前には、歓迎アーチをしつらえ、プラットホームおよび構内倉庫脇には祝宴会場を設けて盛大な祝賀会を準備した（同前）。当時の新聞にはその日の様子が「祝宴と提灯行列」という見出しで紹介されている（大正4年1月16日付「東京朝日新聞」房総版）。

　その後、大正5年10月11日湊－浜金谷間、大正6年8月1日浜金谷－勝山間、大正7年8月10日勝山－那古船形間、大正8年5月24日那古船形－館山間、大正10年6月1日館山－南三原間、大正11年12月20日南三原－江見間、大正13年7月25日江見－太海間、大正14年7月11日太海－安房鴨川間が開通し、現在の内房線が完成した。

　この間、大正8年5月に北条へ達したとき、木更津線は北条線と改められ、後年の環状線完通までこの名称で呼ばれていた。この北条線（蘇我－鴨川間）約119キロメートルは、14年11か月の歳

月をかけて完成したことになる。

開通祝賀行事
　大正4年1月15日、鉄道開通が決定し周西村を挙げて祝意を表すために、「当日は毎戸国旗を揚げよう、また、停車場（周西駅）で祝賀会を開催するから出席してほしい」と、周西村長保坂亀次郎署名文書で、各区長に配送している。開通式当日の停車場周辺は大変なにぎわいであったことが想像される。

県営久留里鉄道の開通
鉄道敷設の動き
　久留里線は当初県営事業として計画運営された鉄道である。明治43（1910）年千葉県軽便鉄道会社・設置条例が定められた。これは、当時の県知事有吉忠一が、県内には鉄道に恵まれない地域が広く残っており、北部との不均衡を打開するためと考えその方策が含まれていた。
　明治44年7月に木更津－久留里間の軽便鉄道建設の認可があり、ただちに「千葉県軽便鉄道債券」募集を広告したところ、その反響は大きく、県内各地とくに地元の君津郡民多数の応募があり、予定県債金額39万5000円を突破する勢いで、当局は株券の割り振りに苦慮したという。
　また、小櫃戸崎地区の住民は戸崎地区を通過しない久留里線に対して、地区住民をあげて寄付金を拠出し、陰から鉄道建設に寄与していた（史料集Ⅳ476頁）。

鉄道敷設工事
　この鉄道建設には紆余曲折があった。木更津－久留里間の線路建設は順調に進められていたが、終点は久留里駅であった。しかし、県当局は当初、久留里駅を現在の小櫃青柳字水深に決定していた。驚いた久留里地区の住民は、「せっかく誘致した鉄道が久留里の手前でストップしたのでは久留里地区住民の利便性はない」ということで、現久留里駅までの延長を県当局に陳情し、延長路線の工事金額を久留里住民が負担して、現在の久留里駅が完成した（「久留里郷友会会報」7巻香取正光氏保存）。
　また、現在の小櫃駅－俵田駅間に御腹川が流れている、この川を横断するために、橋梁工事が実施され、ピア（そで）が打ち込まれ橋脚が完成し、鉄橋上をSLは轟音を立てて、走り抜けていた。この鉄橋も軌間拡張工事（昭和5年8月完了）のときに幅が狭いということで、すぐ隣に新しく鉄橋を造りあげた。当然古い鉄橋は廃止され鉄橋ははずされたが、ピア（そで）までは廃棄しなかった。現在でも建設当時の建造物として、ひっそりと川岸に残っている。

鉄道開通
　大正元年、木更津から久留里までの県営鉄道久留里線が開通した。この久留里線は国有鉄道の営業内容と変わらなかった。旅客運送・手小荷物の扱いであったが、国有鉄道との違いは、狭軌の線路（約60センチメートル、国鉄は106.7センチメートル）で客車も小さく、速度は大人の走るスピードと同じくらいだといわれていた。当時木更津中学校（現木更津高校）に通学する陸上部の生徒が、かばんを友達に預け、汽車と競争して負けなかったという。とにかく、県営事業として最初の鉄道14.1マイル（約20キロメートル）は、わずか7か月で完成した。
　大正元年12月28日、1日4往復で営業を開始した。平均時速15キロメートルで所要時間は1時間18分を要した。列車は沿線住民の祝福を受け黒煙をなびかせて、田園地帯を走っていた。

鉄道開通式
　開通式当日は祝宴は開かなかったが、鉄道建設に功労のあった人々を招待し、午前は久留里で、午後は木更津で会食をし、当時の苦労を話し合った。また、当日君津郡民代表久留里町長室直吉・小櫃村長松崎豊司・馬来田村長石井増蔵・中川村長積田岩次郎・清川村長原吉之助・木更津町長浪久定八・君津郡長岡巌連名で、建設計画に尽力した県知事告森良に感謝文を送付し、また、君津郡長岡巌の代表名をもって、前知事有吉忠一に感謝の電文を打電した。

　木更津・久留里軽便鉄道本日開通スルニ方リ、閣下御在県ノ功労ヲ多トシ、郡民ヲ代表シ感謝ノ意ヲ表ス

　これに対し、12月28日、前知事からは直ちに返電が届けられた。
　木更津・久留里軽鉄開通ヲ祝シ、郡民ヲ代表シテ感謝ノ意ヲ表サレタルヲ謝ス
　久留里線を走ったSLは、ドイツのコッペル社製の3両であるといわれ、大変小型な機関車であった。

鉄道延長運動と鉄道省移管問題

　大正11年に公布された改正鉄道敷設法は、「千葉県下木更津ヨリ久留里・大多喜ヲ経テ大原ニ至ル鉄道」を国鉄が建設すべき予定線の一部に編入したため、地元の市原・君津・夷隅の3郡下では実現を期して熱心な運動が繰り広げられた。政府はこれに対して「木原線の達成について、県営の久留里線を国に無償で提供すれば直ちに着手する」と約束した。地元では木原線建設に関する陳情書を国鉄や政府に送り、陳情を繰り返した（史料集Ⅳ478頁）。

　県営鉄道として建設された久留里線は、当時の県内県営鉄道3線（野田・多古・久留里）の中で野田線とともに収益を上げていた鉄道であった。しかし、多古線はその創業以来いまだ1回も利益を上げ得ず、そのため県営鉄道全体として利益が相殺されていた。大正10年4月14日付「東京朝日新聞」房総版には、「8か年を通じて各線100円収入に対する平均営業費をみても野田は87円、久留里は96円でそれぞれ収益しているのに反し、多古線のみは178円という結局78円の損毛をまねいている」とし、この意味で「県は収益なき多古線の鉄道局移管ならばすすんで提供すべきも、年々利益をあげつつある久留里線のみを希望されるならば、多古線の営業成績良好とならざる以上、県は鉄道経営による損害を一層ならしめねばならぬ道理となる」と論じている。

　これに対して、当時の折原知事は、「久留里線については元田鉄相に面会した際、提供云々の話があった。各線全部ならば元より考究するまでもなく喜んで差し出すが、県としては利益をあげている1線のみをとくに引き抜かれることは一考を要する」としながらも、「しかし、同線は軌幅も狭小であり、輸送力も不十分で、県がこれを改良を計画するは財政上のはなはだ至難のことであるから、地方開発の利便に資するには政府の手をもってその改良を望むほかはない。該線はすでに政府の鉄道網にも包まれ、しかしてさらに大原まで延長するの計画もあるので、それによる沿道民の利益のみといわず、県交通上に及ぼす影響を思えば、県としての小利害などは眼中に置くを許さぬわけである」と述べている。

　この久留里線移管問題と大原までの延長問題は、車の両輪として論議された。大正10年6月20日には、藤平量三郎を会長として沿線各町村有志の間で結成された「上総横断鉄道期成同盟会」が、前代議士森政次郎の紹介により、鉄道省へ陳情を行っている（大正10年6月29日付「東京朝日新聞」房総版）。また、29日には久留里山徳楼へ集合し緊急協議会を開き、今後の運動方針について協議している（同前）。

　このような中、大正11年4月29日付「読売新聞」房総版には、「県営鉄道の好成績」として県営鉄道3線の大正10年度の営業成績が、42万4000余円に達し、明年度の県歳入予算37万3000余円を大幅に超えることが報じられている（大正11年4月29日付「読売新聞」房総版）。

　大正12年12月6日、久留里線譲渡が県会へ提出された。すでに県参事会においては県営久留里線の政府への無償提供が全会一致で承認されていた（大正11年12月6日付「東京日日新聞」房総版）。この不動産処分の条件としては「政府所定の鉄道網による県下木更津より久留里、大多喜を経て大原に至る鉄道建設の機運を促進せんとする」理由により、「国において県下木更津より久留里、大多喜を経て大原に至る鉄道の建設に着手する場合は県営木更津久留里間鉄道を無償にて譲渡する」との条件が付けられていた。

　大正11年2月の県会も国鉄への譲渡案を満場一致で可決し、無償で国に移管することを決めた。引き継ぎの日はなんと、12年9月1日、かの関東大震災の日であった。

　大正13年（1924）千葉県会は、木原線促進に関する意見書を政府に提出している。
（中略）

　なかなか建設に着手しなかったが、大正14年度からいよいよ着工することになった。久留里線は改良を加えればなんとかなるが、夷隅鉄道の方面は新路線を建設するというので、線路や駅の位置のすさまじい争奪戦が展開されたという。太平洋側の夷隅郡大原町と山間部の大多喜町の中間にある東村へは、15年の春、建設用の資材である枕木や電柱が運ばれて工事着手寸前にあったが、夏にはそれらが当時建設中の勝浦－興津間の路線方面へ移送されてしまった。多分、幹線優先の声が鉄道省にあったのではないかといううわさが、地元からささやかれた。結局大正年間にはついに着工できずに昭和に至り、木原線促成運動が継承されたが、とうとう半島横断は実現できなかった。ただ、木更津・大原の頭文字をとった鉄道名「木原線」の名を今日にとどめている。

『富津市史』に登場する内房線

房総西線の開通

鉄道の初め

我が国の、汽車鉄道の初めは、明治3年3月である。東京芝汐留町より、横浜野毛山間の工事に着手、明治5年5月7日、品川、横浜間が開通し運転を始めた。我が国初の、時刻表及び賃金表、乗客心得が発表された。

房総線の建設計画

明治30年3月30日、法律第17号を以て鉄道国有法が公布され、逓信大臣の管轄下に、臨時鉄道国有準備局を設け、私鉄線を買収した。国有後の房総線は、南房総大環状線が旗印であった。

明治42年、新規計上線として、房総鉄道継続年限を、43年－47年、予算額558万7621円追加され、更に明治43年3月26日、法律第22号を以て、鉄道布設法第1期線改正として蘇我より木更津、北条、勝浦を経て大原に至る鉄道及び成東－東金に至る鉄道が追加され、南房総環状線建設が布石された。

開通当初は、北条線と名付け、昭和4年全線完成後に、房総西線及び房総東線と命名をした（『鉄道百年史』）。

（中略）

鉄道

昭和4年4月15日に外房回りと内房回りの国鉄が鴨川と興津間で接続して、長い間待たれた房総循環線がようやく実現した。完成と同時に「房総線」と命名された。

始発駅は両国橋駅で、当時の新聞には「神秘的常春の国のとびらがいよいよ開かれた」と大々的に報道された。

富津の浜金谷駅までの開通が大正5年10月11日であるから、以後13年の歳月がかかった訳である。

昭和4年4月出版された観光案内書、水島芳静著『俺が房総』の序に、両国橋駅長が寄せた文章に、「……ここには、著名な史跡と文化財が多い。しかも、眺望は絶佳にして変化に富み、海産物は新鮮にして賞味比類なく、人情また純朴篤厚、加うるに気候四時温暖にして正に別天地の感がある。この別天地を遊覧の勝地といわずして何といおう……。」と書いて房総をほめたたえている。

昭和4年両国橋駅から富津市内各駅への汽車賃は次のとおりであった。
青堀駅－1円29銭　大貫駅－1円36銭
佐貫町駅－1円41銭　上総湊駅－1円46銭
竹岡駅－1円53銭　浜金谷駅－1円58銭

軍用鉄道

区間は青堀から富津岬まで太平洋戦争の終わりまで、青堀駅と富津岬陸軍射撃試験場間に敷設されていたが、終戦で撤去された。

駅の乗降客

富津市内の鉄道は、国鉄内房線が1本通っているだけで、駅は、青堀・大貫・佐貫町・上総湊・竹岡・浜金谷の6駅あり、電化は昭和41年7月15日行われたが単線のため運行回数が少ない。

年間の乗車客の順位は、大貫駅が第1位、2位が上総湊、3位が青堀となっている。青堀駅が旧富津町の玄関口でありながら乗降客の少ないのは、富津・木更津間のバスの運行回数が多く（10分～15分間隔）バス利用度が多いためと思われる。大貫駅・上総湊駅・青堀駅で定期乗車が普通乗車の3倍、2倍もあることは、人口が駅周辺に集まっていることと、学生や地元民の利用が多いことを証するものである。

一方、佐貫町駅・浜金谷駅では、普通乗車に比べて、定期乗車が少ない。これは、特急、急行電車の停車と、背後に、マザー牧場・東京湾観音・鋸山・フエリボートなどの観光レクリエーション地帯を控えているためである。

青堀駅

あおほり
【所在地】富津市大堀1884
【開業年】1915（大正4）年1月15日
【キロ程】42.0km（蘇我起点）
【乗車人員】1,520人（2018年）
【ホーム】1面2線

1971（昭和46）年夏の青堀駅。1969年7月に電化され、架線柱と構内横断跨線橋が見える。右側に鉄道弘済会売店（現在のKIOSK）が見える。
◎青堀　1971（昭和46）年7月1日　撮影：荻原二郎

青堀を発車するC58 218（佐倉機関区）牽引の海水浴臨時列車。すでに電化に備えて架線柱が建っている。
◎青堀　1966（昭和41）年8月7日　撮影：荻原二郎

青堀駅周辺（1965年）

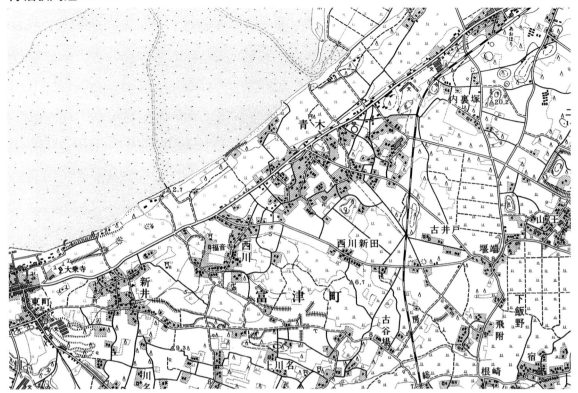

国土地理院地図

青堀に到着するクハ79 300番台先頭の千葉行き普通電車。木更津～千倉間電化で千葉～館山間、千葉～千倉間などに普通電車が運行され、4ドア、ロングシートの72系電車で運行され2時間以上の運行にもかかわらずトイレの設備もなく乗客の不満は強かった。一部の普通電車は113系で運行された。◎青堀　1971（昭和46）年7月10日　撮影：荻原二郎

1966(昭和41)年夏の海水浴臨時列車にはキハ10系(先頭はキハ17)の臨時急行「汐風」が登場した。狭い車内、クロスシートとはいえ、ひじ掛けのない貧弱な座席で「これで急行料金を取るのか」と極めて不評で翌1967年夏の運転時には快速になった。夏の海水浴臨時列車は各種ディーゼル車のオンパレードで、全車キハ58、28の豪華版もあった。
◎青堀　1966(昭和41)年8月7日　撮影：荻原二郎

大貫駅

おおぬき
【所在地】富津市千種新田364-3
【開業年】1915（大正4）年1月15日
【キロ程】46.6㎞（蘇我起点）
【乗車人員】1,046人（2018年）
【ホーム】1面2線

ホーム風景。ステンレス車体のキハ35 900番台が停車。◎大貫　1963（昭和38）年12月22日　撮影：荻原二郎

内房線（当時は房総西線）木更津〜千倉間電化完成の看板がある大貫駅。電車は通勤形ロングシート101系による臨時快速「さざなみ」。海水浴帰りで混雑している。◎大貫　1969（昭和44）年夏　撮影：山田虎雄

183系特急「さざなみ14号」(館山14:05～東京16:02、館山～君津間普通列車) 1998年12月改正時からデイタイム「さざなみ」の一部が君津～館山間普通列車となったが、全区間特急の場合と比べ、東京～館山間で所要時間が10数分延びただけである。
◎大貫　2000（平成12）年4月　撮影：山田亮

大貫に到着する113系の上り千葉行き。画面左側の山上には東京湾観音が見える。◎大貫　2008（平成20）年8月14日　撮影：太田正行

67

佐貫町駅

さぬきまち
【所在地】富津市亀田540-2
【開業年】1915（大正4）年1月15日
【キロ程】50.7km（蘇我起点）
【乗車人員】224人（2018年）
【ホーム】1面2線

現在の佐貫町駅

東京湾観音とマザー牧場の入口である佐貫町駅の木造駅舎。現在でもこの木造駅舎が使用されている。房総西線（現・内房線）佐貫町と常磐線佐貫は駅名が似ているため、乗客の誤乗、乗車券の誤発売が今でもまれにあるとされる。常磐線佐貫は2020年春に「龍ケ崎市」に改称される予定。◎佐貫町　1971（昭和46）年7月17日　撮影：荻原二郎

新宿発のキハ58系準急「内房1号」(新宿7:00～安房鴨川10:12) この列車は安房鴨川から房総東線に直通し「外房2号」として房総半島を一周して両国へ向かう。定期列車だが夏の海水浴客輸送で増結されている。左側は東京湾。
◎佐貫町～上総湊　1963 (昭和38) 年8月4日　撮影：伊藤威信

佐貫町に到着する113系のローカル電車。◎佐貫町　撮影：山田虎雄

内房線の撮影名所湊川鉄橋を渡る183系特急「さざなみ」。◎上総湊～竹岡　2000（平成12）年4月　撮影：山田亮

朝日を浴びて佐貫町に到着する113系の千葉行き普通電車。総武線、横須賀線直通快速がE217系になった後も内房線、外房線ローカル電車は113系で2011年まで運行された。◎佐貫町　2008(平成20)年8月14日　撮影:太田正行

上総湊駅周辺(1965年)

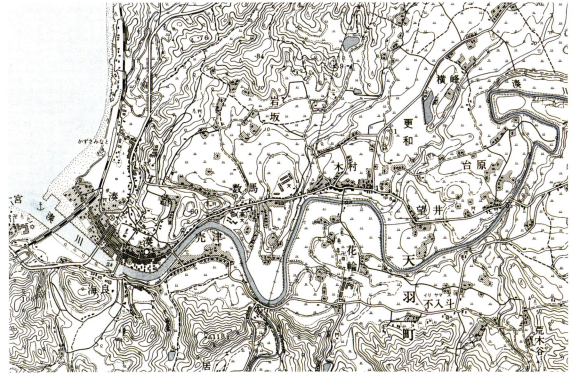

国土地理院地図

上総湊駅

かずさみなと

【所在地】富津市湊736
【開業年】1915（大正4）年1月15日
【キロ程】55.1㎞（蘇我起点）
【乗車人員】709人（2018年）
【ホーム】1面2線

上総湊駅の駅舎。◎上総湊　1971（昭和46）年2月13日　撮影：荻原二郎

上総湊を通過するキハ26プラスキハ20系の上り両国行き準急「房総」。単線区間でタブレット閉塞のため通過列車は運転士のほか助士が乗務し、タブレットをタブレット受け器に投入するが危険な作業であった。投入が失敗すれば列車は緊急停車した。
◎上総湊　1959（昭和34）年8月4日　撮影：小川峯生

1962（昭和37）年7月下旬、8月上中旬の日曜に計4回運転された千葉〜上総湊間に運転された客車の臨時快速「しらすな」。（千葉8:09〜上総湊9:34、上総湊16:05〜千葉17:32）機関車は日立製作所製造の液体式ディーゼル機関車DF931。DF93は1962年に常磐線で試用されたのち、主として総武線両国〜千葉間で貨物列車を牽引し、1963年頃まで使用された。写真は上総湊到着の「しらすな」と下車した海水浴客。左は交換のキハ17系上り普通列車。◎上総湊　1962（昭和37）年8月

上総湊を通過するキハ58系臨時準急「浜風1号」（両国8:00〜館山10:32）。ホームの海水浴客は臨時快速「しらすな」で上総湊に着き、後続の普通列車を待っている。◎上総湊　1962（昭和37）年8月

C57 8（佐倉機関区）が牽引する海水浴臨時快速さざなみ号。客車も各地から応援の車両が入り、オハ61のほか応援のスハ32も入り10両編成である。◎上総湊〜竹岡　1968（昭和43）年7月　撮影：田尻弘行

1963年夏にＤＤ13形ディーゼル機関車が重連で153系「東海形」電車を牽引する臨時準急汐風が中野〜館山間に運転された。先頭はＤＤ13 163（千葉気動車区）。非電化の千葉以遠はＤＤ13とクハ153の間に車内照明電源を供給するディーゼル発電機を積んだ電源車クハ16を連結した。非電化区間のためホームが低く、停車駅では電車のドア高さに合わせるため踏み段を用意した。◎場所不詳　1963年7月

臨時快速「しらすな」の館山方面への回送。客車は鋼体化客車オハ60、61形だが座席の背板は板張りだった。最後部荷物車スニ30に「しらすな」のマークがついている。過去の雑誌記事などでは1962年夏の臨時「しらすな」は両国〜浜金谷間となっているが、「交通公社時刻表」1962年7月号では千葉〜上総湊間と記載されている。◎上総湊　1962（昭和37）年8月

湊川鉄橋を渡る113系4両のローカル電車。湊川河口には小規模な漁港がある。◎上総湊〜竹岡　2000（平成12）年4月　撮影：山田亮

キハ58系急行「うち房」右は交換待ちのC58牽引列車。すでに電化ポール（架線柱）が建っている。◎上総湊　1968（昭和43）年7月

竹岡駅

たけおか
【所在地】富津市萩生1105
【開業年】1926（大正15）年6月16日
【キロ程】60.2km（蘇我起点）
【乗車人員】64人（2006年）
【ホーム】2面2線

竹岡駅の木造駅舎。現在は無人駅だが待合室のある簡素な駅舎になっている。高台上で東京湾が遠望でき、青春18きっぷのポスター写真の撮影地になったこともある。◎竹岡　1971（昭和46）年2月13日　撮影：荻原二郎

竹岡付近のトンネルが断続する区間を行く165系急行うち房8号（新宿14:51～千倉17:18）。翌1972年7月から房総地区を走る電車急行の大部分が183系特急に格上げされた。◎竹岡　1971（昭和46）年2月13日　撮影：荻原二郎

113系の季節急行。前面に列車番号8109Mと表示され、土曜運転の急行「うち房9号」(両国15:20～千倉18:09)である。近郊形113系でクロスシートは狭く、ロングシート部分もあるが急行券が必要で「遜色急行」といわれた。この113系は東京地下駅乗り入れに対応した難燃化構造の1000番台だが、地下線用ATCを装備せず、東京地下駅に乗り入れたことはなかった。◎竹岡　1971(昭和46)年2月13日　撮影:荻原二郎

トンネルを出て竹岡に到着する113系千葉行き。竹岡は両側がトンネルで丘の上にあり、駅前から海が眺められる。
◎竹岡　2008(平成20)年8月14日　撮影:太田正行

浜金谷駅

はまかなや
【所在地】富津市金谷2209
【開業年】1916（大正5）年10月11日
【キロ程】64.0km（蘇我起点）
【乗車人員】275人（2018年）
【ホーム】1面2線

1978（昭和53）年秋の浜金谷駅。駅には「53－10」改正時の「特急の顔」ポスターが貼られ、駅前商店の自動販売機の形から70年代後半であることがわかる。この木造駅舎は今でも健在。鋸山ロープウエイの入口で、駅から徒歩10分の金谷港から久里浜へのフェリーが発着。◎浜金谷　1978（昭和53）年10月15日　撮影：荻原二郎

現在の浜金谷駅

浜金谷を発車し鋸山のトンネルへ向かうC57形蒸気機関車が牽引する普通列車。鋸山への登山道から撮影。画面右側後方に浜金谷駅が見える。対岸は三浦半島。◎浜金谷〜保田 1953(昭和28)年3月22日 撮影:荻原二郎

C57 165（千葉機関区）が牽引する房総西線（現・内房線）の客車普通列車。房総西線および房総東線は1954（昭和29）年からキハ10系が投入され大幅にディーゼル化されたが蒸気機関車牽引の客車も一部残った。佐貫町から南は短いトンネルが続くため煙に苦しめられ「タヌキいぶし列車」といわれた。◎浜金谷〜保田　1954（昭和29）年3月21日　撮影：荻原二郎

浜金谷到着の臨時準急「汐風」(両国-館山) 先頭はキハ25、2両目は準急色キハ55。当時、金谷港~浦賀港間に船があった。
◎浜金谷　1961 (昭和36) 年7月30日　撮影：伊藤威信

1963 (昭和38) 年10月改正で登場した座席指定準急「さざなみ」(両国~館山間)。キハ58系で1等車キロ28 (左) も連結した。2年後の1965年10月から自由席を連結し「内房」に統合された。◎浜金谷　撮影：山田虎雄

浜金谷を通過するキハ26（キハ55の1エンジン車）先頭の上り準急「内房」と交換待ちの下り安房鴨川行き。光線の向きから準急は内房3号（館山13:55～両国16:10）で2両目以降はキハ28（キハ58の1エンジン車）である。房総は勾配が少なく1エンジン車が中心だった。反対側の普通列車にはキハ25とキハ17が連結。
◎浜金谷　1963（昭和38）年7月18日　撮影：荻原二郎

保田駅 ほた

【所在地】安房郡鋸南町保田249
【開業年】1917（大正6）年8月1日
【キロ程】67.5km（蘇我起点）
【乗車人員】250人（2018年）
【ホーム】1面2線

千倉まで電化された1969（昭和44）年、各駅に跨線橋が整備され構内踏切は廃止された。電車は東京地下駅乗り入れに対応した難燃構造（ＡＡ基準）の113系1000番台。内房、外房線のローカル電車は1977（昭和52）年まで旧型72系も運行されたため113系が来ればラッキーといわれた。
◎保田　1969（昭和44）年夏　撮影：山田虎雄

保田駅の駅舎。祝、準急停車の看板が設置されていた。◎保田　1963（昭和38）年12月22日　撮影：荻原二郎

房総半島南部は小高い山が海岸に迫り鉄道は短いトンネルが連続する。キハ10系3両の下り列車で先頭はキハ17、2両目は運転台のない中間車キハ18。電化前の房総西線（現・内房線）、房総東線（現・外房線）のディーゼル列車は安房鴨川で折返しせず西線→東線、東線→西線と直通運転し千葉に戻った。当時、房総東線大網はスイッチバック駅で向きが変わるため、半島を一周して千葉に戻っても編成の向きは変わらなかった。
◎保田〜安房勝山　1964（昭和39）年10月19日　撮影：荻原二郎

保田駅周辺（1965年）

国土地理院地図

夏の海水浴臨時列車「汐風」投入されたばかりのキハ20系（先頭と2両目は片運転台キハ25）6両編成。座席は準急用キハ55系と同じサイズで乗客からは好評であった。保田は保田海水浴場が近い。◎保田　1958（昭和33）年8月24日　撮影：荻原二郎

ハチロクと呼ばれた8620形蒸気機関車48623（千葉機関区）が牽引する荷物列車。機関車の次は3軸ボギー台車の郵便荷物車マユニ78で戦災復旧車である。その次がボギー台車の貨車ワキ1、最後部がオハニ61である。◎保田　1958（昭和33）年8月24日　撮影：荻原二郎

島式ホームの保田を発車する安房鴨川行3両編成。最後部はステンレス車体のキハ35 900番台（キハ35902）。駅長（または助役）がタブレットを受取り車掌に黙礼している。鉄道が多くの人々に支えられていた時代の情景。◎保田 1963（昭和38）年7月15日 撮影：荻原二郎

キハ36を先頭にした千葉行き。先頭からキハ36-35-36-25の順で、最後部キハ25だけがクロスシートである。2両目はステンレス車体のキハ35 900番台で1963（昭和38）年に東急車両（現・総合車両製作所）で10両製造された。ステンレスは塩害に強いという理由で海沿いを走る房総地区に投入された。
◎保田　1963（昭和38）年7月15日　撮影：荻原二郎

保田での上り特急さざなみと下りローカル電車72系との交換風景。内房線ローカル電車は100km以上走るにもかかわらずロングシート、便所なしの旧型72系も使用され、乗客の苦情が絶えなかった。背後は鋸山で左側の山上に展望台が見える。
◎保田　1973（昭和48）年秋　撮影：山田虎雄

113系の上り千葉行き。背後の山は鋸山。◎浜金谷～保田　2008（平成20）年8月14日　撮影：太田正行

鋸山をバックに走るE257系500番台5両の上り特急「さざなみ10号」(館山9:07～東京11:04、君津まで普通列車)。2004年10月改正から183系はE257系500番台に置き換えられた。(臨時列車の一部はその後も183系で運転)背後の鋸山頂上から内房線の線路や東京湾、対岸の三浦半島を一望できる。◎浜金谷～保田　2008(平成20)年8月14日　撮影：太田正行

保田駅での上り特急「さざなみ」(E257系500番台)と211系下り普通電車。
◎保田　2008(平成20)年8月14日　撮影：太田正行

東京湾を眺めながら走る113系ローカル電車。シートピッチの広い113系1500番台または2000番台。◎浜金谷〜保田 2008（平成20）年8月14日　撮影：太田正行

安房勝山駅

あわかつやま
【所在地】安房郡鋸南町竜島838
【開業年】1917（大正6）年8月1日

【キロ程】70.8km（蘇我起点
【乗車人員】287人（2018
【ホーム】1面1線

「歓迎、準急停車」の看板がある安房勝山駅。同駅は現在でも改装されているが当時の木造駅舎のままである。房総地区の駅舎は温暖の地にふさわしく開放的な造りである。
◎安房勝山　1963（昭和38）年冬　撮影：山田虎雄

現在の安房勝山駅

千倉電化時の安房勝山駅の歓迎の装飾。電化時に設置された跨線橋は同駅の単線化に伴い現在は撤去されている。
◎安房勝山　1969（昭和44）年冬　撮影：山田虎雄

1969年の房総西線（現・内房線）電化後、千葉以遠の普通電車の一部は113系1000番台で運行されたが、夏季には113系は海水浴臨時急行に転用され、その期間中は113系で運行される普通電車は総武・中央線各駅停車のカナリア色101系に置き換えて運行された。
◎岩井　1971（昭和46）年7月17日　荻原二郎

青とクリームの旧塗装キハ10系による千葉行ローカル列車。ホーム上には乗客が下り列車を待っている。現在、安房勝山駅は上り線（画面左）が撤去されて単線化され列車交換ができなくなっている。◎安房勝山　1958（昭和33）11月30日　撮影：荻原二郎

夏の海水浴客輸送で増発された臨時急行「うち房」には東北・高崎線用の湘南色115系電車も使用された。当時は冷房がなく窓が開けられている。窓の上段と下段を上げると全開したが、高速でトンネルに突入すると突風が車内に入り込み大変だった。
◎岩井　1971（昭和46）年7月17日　撮影：荻原二郎

安房勝山の保田寄りのカーブを走るC57 125（新小岩機関区）牽引の上り客車普通列車。房総西線（現・内房線）には1961年時点で客車の通勤通学列車（館山発着）が3往復（朝が上り3本、夕方が下り3本）運転され、うち1往復は両国まで運行された。牽引のC57が新小岩所属であることから両国行き120列車（館山5:38〜両国9:12）である。画面左側に安房勝山駅とホーム上の待合室が見える。◎安房勝山 1961（昭和36）年3月19日 撮影：荻原二郎

1963(昭和38)年10月に運転を開始したキハ58系の準急「さざなみ」(両国8:20～館山10:43)、両国～千葉間で房総東線(外房線)経由安房鴨川行きの「くろしお」を併結した(上りも同様)。「さざなみ」「くろしお」は全車座席指定で1等車キロ28を連結したが、1965年10月から自由席を連結し「内房」に統合された。(「くろしお」も「外房」に統合)◎安房勝山 1963(昭和38)年12月22日 撮影：荻原二郎

DD51 804(郡山機関区)牽引の臨時客車急行うち房。1968(昭和43)年夏の海水浴客輸送ではDD51形ディーゼル機関車牽引の臨時客車急行が2往復(両国～千倉間、両国～館山間各1往復)運転された。同年10月改正から磐越東線(平～郡山間)に配属予定のDD51形800番台(貨物用)を新小岩機関区で借り受けて使用し、客車はオハ35を青色に塗り替えたが、乗車率は低かった。◎1968(昭和43)年夏 撮影：小川峯生

安房勝山駅周辺（1965年）

国土地理院地図

1960～70年代、夏のレジャーの代表格は海水浴で、房総には多くの海水浴客が殺到した。エアコンは一般家庭にはなく、暑さをしのぐには海水浴の時代だったが、道路状況が悪く自家用車も今ほど普及しておらず鉄道を利用した。定期急行「うち房」も増結し10両編成で運転された。編成中に1等車キロ25を格下げしたキハ26400番台が連結され、後ろから2両目に1等車キロ28が連結される。◎1968年頃　撮影：小川峯生

岩井駅

いわい
【所在地】南房総市市部146-2
【開業年】1918（大正7）年8月10日
【キロ程】73.7km（蘇我起点）
【乗車人員】263人（2018年）
【ホーム】1面2線

現在の岩井駅

岩井駅の駅舎。◎1971（昭和46）年7月15日　撮影：荻原二郎

岩井臨時停車のキハ20系下り準急京葉1号（両国〜館山）。ホームでは臨海学校の小学生団体が帰りの列車を待っている。当時、夏休みに房総で水泳訓練のために臨海学校を行う学校は多く、往復とも鉄道利用だった。◎岩井　1961（昭和36）年8月9日　撮影：小川峯生

房総西線（現・内房線）電化後の夏の海水浴臨時ダイヤでは両国（一部は新宿）～館山、千倉間に総武・中央線各駅停車のカナリア色101系による快速さざなみ号が運行された。4ドア、ロングシートで座れない乗客は床に新聞紙を敷いて座り込んでいた。長時間乗車にもかかわらずトイレがなく、連結部分（貫通路）で用を足す光景も見られ乗客からの苦情が多かった。◎岩井 1971（昭和46）年7月17日　撮影：荻原二郎

千倉電化時の岩井駅。現在は改築されている。
◎岩井　1969（昭和44）年夏　撮影：山田虎雄

富浦駅

とみうら
【所在地】南房総市富浦原岡451
【開業年】1918（大正7）年8月10日
【キロ程】793.8㎞（蘇我起点）
【乗車人員】203人（2018年）
【ホーム】1面2線

現在の富浦駅

木造駅舎の富浦駅。駅前のフェニックスが観光客を迎え南国ムードを醸し出す。この駅舎は現在では南国風駅舎に改装されている。◎富浦　1971（昭和46年7月10日　撮影：荻原二郎

短いトンネルを抜けて富浦に近づくクハ79 300番台を先頭にした72系6両編成の安房鴨川行き普通電車。1971(昭和46)年7月1日、房総西線(現・内房線)は千倉から安房鴨川まで電化が延長された。普通電車も館山経由で千葉(一部は津田沼)から安房鴨川まで延長され、所要時間は2時間40〜50分であるが、ロングシートでトイレもなく乗客から不評だった。◎冨浦　1971(昭和46)年7月10日　撮影：荻原二郎

富浦の岩井寄りトンネルを出る183系特急「さざなみ」。◎冨浦　1978(昭和53)年1月15日　撮影：太田正行

那古船形駅

なこふなかた
【所在地】館山市船形227
【開業年】1918（大正7）年8月10日
【キロ程】82.1km（蘇我起点）
【乗車人員】175人（2017年）
【ホーム】1面1線

船形漁港のある漁師町那古船形を発車して切り通しに向かう165系電車急行。列車番号表示は108Mで、この列車は上り「うち房4号」（安房鴨川11:47〜新宿14:39）。1971年7月の千倉〜安房鴨川間電化で、急行うち房も館山を回って安房鴨川まで運転されたが、千葉〜安房鴨川間は房総西線（現・内房線）経由が123.2km、房総東線（現・外房線）経由93.3kmで西線経由が長いにもかかわらず、所要時間はいずれも約2時間で電車の優位は明らかだった。◎那古船形　1971（昭和46）年7月10日　撮影：荻原二郎

那古船形駅周辺（1965年）

国土地理院地図

館山駅

たてやま
【所在地】館山市北条1887
【開業年】1919（大正8）年5月24日
【キロ程】85.9㎞（蘇我起点）
【乗車人員】1,656人（2018年）
【ホーム】2面3線

現在の館山駅

館山駅木造駅舎。1919（大正8）年の開通時に建築された駅舎が1923年の関東大震災で被災したためその後再建された駅舎である。開通時は安房北条と称し、1946（昭和21）年に館山と改称された。1999（平成11）年に南欧風の橋上駅舎に改築された。画面右側から安房白浜方面への国鉄バス（現・JRバス関東）が発着。◎館山 1969（昭和44）年7月 撮影：山田虎雄

館山で発車を待つ上り準急「京葉」(館山8:25～両国10:40) キハ20系の3両編成。単線区間の通過駅でタブレット(通票)の収受を行うためタブレットキャリアーを装備している。左はキハ10系の普通列車。房総東西線は1954年からキハ10系(キハ17など)が投入されて大幅にディーゼル化されディーゼル王国千葉といわれた。◎館山　1961(昭和36)年3月19日　撮影：荻原二郎

館山駅周辺(1965年)

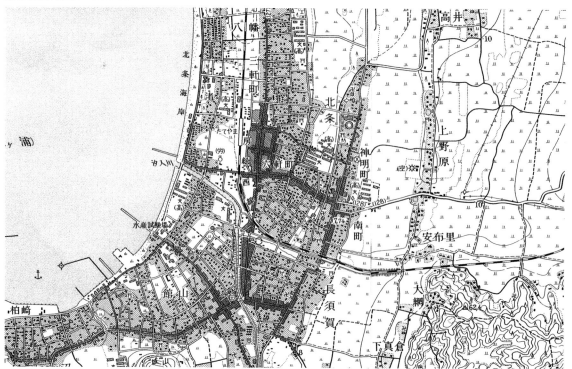

国土地理院地図

館山駅の改札口風景。改札係が乗車券1枚1枚にはさみを入れる。改札横の大時計に館山駅と書かれている。
◎館山　1961 (昭和36) 年3月19日　撮影：荻原二郎

電化完成を祝う館山駅の飾りつけ。◎館山　1969 (昭和44) 年夏　撮影：山田虎雄

木造駅舎時代の館山駅。駅前から安房白浜方面への国鉄バス（現・JRバス関東）が発車している。1919年に安房北条として開業し、1946年に館山と改称。1999年に橋上駅となった。◎館山　1980（昭和55）年11月　撮影：山田亮

館山駅に停車している209系2000番台・2100番台（右側と中の車両）は、京浜東北・根岸線から転属した車両で、改造によりトイレが設置されクロスシートも備える。内房線ほか外房、東金、成田、鹿島、総武ローカルの各線で運用されている。

館山で113系ローカル電車と183系特急「さざなみ」が並ぶ。◎館山　1980（昭和55）年11月　撮影：山田亮

2006年10月から2011年9月まで211系（側面帯が青と黄色の帯）が内房線で運行された。
◎館山　2008（平成20）年8月14日　撮影：太田正行

平久里川鉄橋を渡る113系ローカル電車。◎那古船形
〜館山　1978（昭和53）年1月15日　撮影：太田正行

館山を発車する183系の東京行き特急「さざなみ」。
◎館山　1980（昭和55）年11月　撮影：山田亮

九重駅

ここのえ
【所在地】館山市二子93
【開業年】1921（大正10）年6月1日
【キロ程】91.7km（蘇我起点）
【乗車人員】103人（2006年）
【ホーム】2面2線

九重駅の電化完成を祝う飾りつけ。◎九重　1969（昭和44）年夏　撮影：山田虎雄

南房総地域を軽快に走る255系の特急「ビューさざなみ」。◎九重〜館山　2000(平成12)年7月　撮影：安田就視

九重〜千歳駅周辺(1965年)

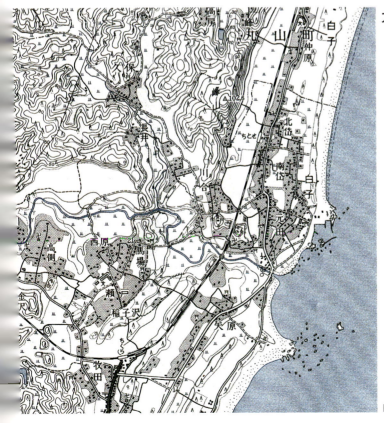

国土地理院地図

千倉駅

ちくら
【所在地】南房総市千倉町瀬戸2079
【開業年】1921（大正10）年6月1日
【キロ程】96.6km（蘇我起点）
【乗車人員】352人（2018年）
【ホーム】2面3線

電化完成時の千倉駅舎。駅前にはタクシーが数台待機している。◎千倉　1969（昭和44）年夏　撮影：山田虎雄

電化完成時の千倉駅ホーム。165系の電車急行「うち房」が停車中。電化時に投入された165系は冷房車として新製され好評だった。
◎千倉　1969（昭和44）年夏　撮影：山田虎雄

千倉駅に停車しているキハ17-18-35の3両編成。◎千倉 1971（昭和46）年2月14日 撮影：荻原二郎

千歳駅

ちとせ
【所在地】南房総市千倉町白子524
【開業年】1927（昭和2）年5月20日
【キロ程】98.6km（蘇我起点）
【乗車人員】62人（2006年）
【ホーム】1面1線

現在の千歳駅

南三原駅

みなみはら
【所在地】南房総市和田町松田148
【開業年】1921（大正10）年6月1日
【キロ程】102.2km（蘇我起点）
【乗車人員】481人（2018年）
【ホーム】2面2線

南国色が強まる南三原駅の駅舎。付近ではポピーなどの栽培が行われている。◎南三原 1971（昭和46）年7月10日 撮影：荻原二郎

南三原に入線するキハ28先頭の準急「内房」。この撮影日の約1週間後に房総西線(現・内房線)の準急はすべて急行に昇格した。
◎1966(昭和41)年2月27日　撮影:荻原二郎

和田浦駅

わだうら

【所在地】南房総市和田町仁我浦178
【開業年】1922(大正11)年12月20日
【キロ程】106.8km(蘇我起点)
【乗車人員】94人(2018年)
【ホーム】2面2線

和田浦駅の駅舎。当駅は隣の南三原駅同様、内房線、外房線の外周のほぼ中間に当たる。
◎和田浦　1971(昭和46)年7月10日　撮影:荻原二郎

113系4両の安房鴨川発千葉行きの上り電車。◎和田浦　2008(平成20)年8月14日　撮影：太田正行

江見駅

えみ

【所在地】鴨川市西江見94
【開業年】1922(大正11)年12月20日
【キロ程】111.4km(蘇我起点)
【乗車人員】80人(2018年)
【ホーム】2面2線

キハ55系キハ26が先頭の普通列車。2両目は運転台のないキハ18。◎江見　1966(昭和41)年2月27日　撮影：荻原二郎

『丸山町史』に登場する内房線

房総の鉄道建設

　明治5年に新橋－横浜間に鉄道が開通して以来全国的に鉄道開設ブームがおこった。明治27年7月には千葉県では、はじめての鉄道が市川－佐倉間に開通した。千葉県鉄道の夜明けである。同年12月には市川－本所間も開通し、更に30年6月に至ると、佐倉－銚子間が開通した。この総武鉄道の実現には多くの地元の人々の協力があったが、後にふれる安房の鉄道敷設についても、土地の有力者や町村をあげての協力の成果であった。当時の鉄道は軍事・産業優先のもとに、敷設が認可された。前記鉄道開通の背景には軍都佐倉と首都を結ぶ軍事上の目的があったことは否定できない。こうして本県にも鉄道網が形成されるに至り当初は従来の利根川・江戸川の水運体系と、しばしば対立する面が見られた。オランダ人技師ムルデルによる利根川運河開削もこの頃のことである。

　京成電気軌道は大正10年には千葉まで路線を延長し、同15年には成田まで通ずるようになった。このほか小湊鉄道、九十九里鉄道、流山軽便鉄道が敷設されたのはいずれも大正年間であった。以上のように本県では大正から昭和初期にかけて、ほぼ現在みられるような鉄道網が形成された。

　房総半島に鉄道が敷設された経緯については『千葉県史』（大正・昭和編）の「房総環状線の実現」を要約すると次のとおりである。明治39年に鉄道国有法が施行され、翌40年に総武鉄道（両国～銚子）と房総鉄道（千葉～大原、大網～東金）が国有鉄道となった。明治43年の鉄道敷設法の改正の中の予定路線に関する規程に蘇我・木更津・北条・勝浦・大原という環状線構想がたてられるに及んでその建設が急速に進展するはこびとなった。木更津～北条～鴨川間と大原～勝浦～鴨川間の敷設工事は両者ともほぼ平行して行われたが途中鋸山・清澄山断層崖が南房総を東西に立ちはだかり、断崖が直接海にのぞみ当然工事は難行したが大正6年8月に鋸山の大トンネル（約1250メートル）が開鑿されて、はじめて本郡保田駅に通じた。建設費も北条～南三原間が、当時1キロメートル当り9万余円に対し勝浦～南三原間は平野部を含みながら1キロメートル当り約15万円にも達し難工事であった。ともあれ昭和4年4月に房総環状線が実現し、沿線の住民の喜びはもとより、南房の爾後の発展に多大の寄与をもたらした。当時の新聞も「此の環状線全通を転機として常春の国房総の地は避暑避寒地として益々発展すべき道程にあり、地元は勿論全県下を挙げて楽園の房総実現に更に一段の努力を傾注せねばならない。」と讃美したものである。鉄道当局もこの環状線を「房総線」とし昭和8年4月から鴨川を分岐点として、東岸まわりを房総東線、湾岸西まわりを房総西線と呼称した。

　両国発の鴨川行きの列車が旧千葉駅でスイッチバックにより方向を変えて発車するため、馴れぬ客が驚いて下車しようとしたり、急行列車などは千葉駅で東線・西線を切りはなして発車したことなど記憶にあり、なつかしむ人も多いと思う。終戦後はSLからディーゼルカーに変り、電化も促進され昭和44年7月には房総西線は千倉駅まで電化された。更に46年7月には千倉～鴨川間も電化された。翌47年には房総東・西線の電化が成り、環状線の呼称も内房線・外房線と改められた。

　房総環状線開通に当っては、内房の鋸山トンネル、外房のおせんころがしなど各所に難工事があったが、近隣では江見－太海間の山王橋の架設（大正13年竣工）も難工事の1つで、当時彎曲したコンクリート橋の建設は、日本では、はじめてで、各方面から注目された。安馬谷の座間恒氏所有の当時の建設記録によると〔山王コンクリート橋梁〕江見－太海間に架設された橋梁の工事は、彎曲した海上橋梁として全国はじめての試みであった。

　設計は官房研究所、工事請負者は西本健次郎で大正11年6月5日着工し大正13年6月上旬に竣工したものである。総工費は当時11万6000円（請負金額）といわれ、途中補強工事はなされたと思われるが、この付近は車窓からの眺めが、すばらしく、かけかえることもなく、現在でも太夫崎の入江に景観を呈している。

　千葉県における鉄道開通状況は次の通りである。

松田線（北条－南三原間）の開設

　鉄道国有法が発布されて以来県内各地で先覚者による鉄道開設の運動がさかんになってきた。

安房郡内では、明治42年当時の富浦村長川名正吉郎と千歳村の座間大五郎等が中心になり木更津線を房州地方まで延長すべく各町村長、有力者を動かし、遂に安房郡町村長会議を開き満場一致で請願書を鉄道院に提出した。これらの人々の奔走、尽力により大正8年には安房北条駅（昭和21年館山駅と改称）が開業し、大正10年には南三原駅が開業するにいたった。北条－南三原間を結ぶ松田線の建設については、はじめの予定線では、北条－館野－九重－千歳－豊田－南三原となっていたが、曦町（千倉町）長岩瀬久治郎が中心になり関係町村長とともにその将来性をうったえ、大正7年予定線変更の請願書を鉄道院総裁に提出した。変更線は九重－千倉－千歳－と千倉を通す請願であった。鉄道院は請願の主旨に賛同しこの案に内定していた。路線変更を知った予定線沿線の町村から猛反対が起きたが、これをおしきって変更路線通り九重－千倉－千歳－南三原に着工し開業するはこびになった。（千歳駅が設けられたのは昭和2年5月である）当時鉄道を誘致することは、その地域の発展に重大な影響をもたらすことになり、両派の運動はかなり激しかったようであった。開設後も路線変更に反対の住民の中には、北条に行くのにも、絶対汽車には乗らず、高い人力車や馬車などを使っていたという話も残っている。

先きに述べた木更津線延長に尽力した川名・座間両氏の功績は高く評価され、大正10年南三原駅開業当日に千倉駅の式場で盛大な表彰式が行われ、両氏に感謝状と記念品が贈られた。

1940年10月当時の時刻表

江見駅で数人のご婦人が花束を抱えている。春が待ち遠しい時期の光景である。◎江見　1966（昭和41）年2月27日　撮影：荻原二郎

江見駅に停車しているキハ10系3両編成。◎1966（昭和41）年2月27日　撮影：荻原二郎

約5ヶ月後の電化完成に向けて架線柱の立った江見駅にキハ35系2両編成の千倉行きが到着した。
◎江見　1971（昭和46）年2月14日　撮影：荻原二郎

太海駅

ふとみ

【所在地】鴨川市太海2035
【開業年】1924（大正13）年7月25日
【キロ程】116.0km（蘇我起点）
【乗車人員】63人（2018年）
【ホーム】2面2線

暖流のため冬も暖かい南房総に位置する太海駅。
◎太海　1971（昭和46）年7月1日　撮影：荻原二郎

安房鴨川駅

あわかもがわ
【所在地】鴨川市横渚952
【開業年】1925（大正14）7月11日

【キロ程】119.4km（蘇我起点）
【乗車人員】1,335人（2018年）
【ホーム】2面3線

現在の安房鴨川駅

賑わいを見せる冬の安房鴨川駅。列車が到着し乗客が目的地に向かって行く様子。◎安房鴨川　1970年頃　撮影：山田虎雄

1980年当時は安房鴨川駅と上総亀山駅を結ぶ日東交通のバスがあり、久留里線「乗りつぶし」に便利だった。後方のバスは東京湾フェリーに接続する金谷港行き。◎安房鴨川　1980（昭和55）年11月　撮影：山田亮

架線柱（電化ポール）が建ち始めた安房鴨川駅構内。画面左側が館山方。左がステンレス車体のキハ35 900番台、右がキハ10系。◎安房鴨川　1970（昭和45）年頃　撮影：山田虎

房総東線（現・外房線）から房総西線（現・内房線）への直通列車で先頭からキハ45－キハ35－キハ10系の順である。編成美の考慮されない凸凹編成は日常見慣れていた。電化前は房総東線と房総西線の列車は安房鴨川で折り返さず直通運転し、房総半島を一周して千葉へ戻った。
◎安房鴨川　1970（昭和45）年頃　撮影：山田虎雄

1967年7～8月の時刻表

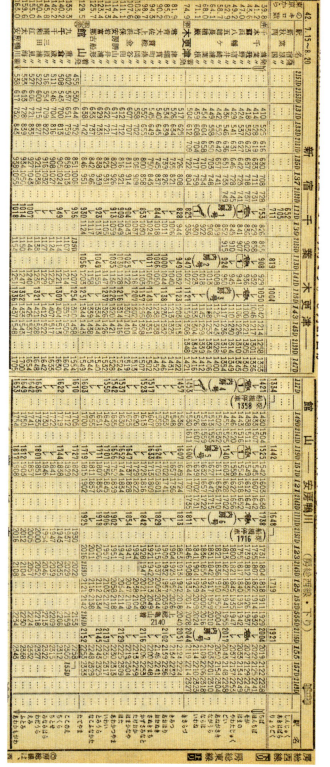

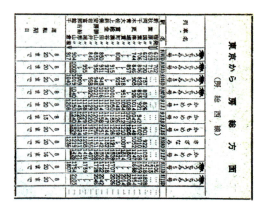

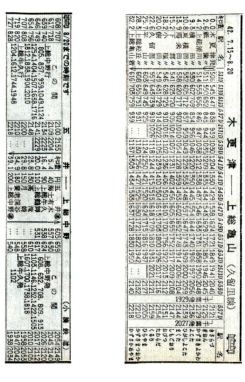

2章
久留里線、小湊鐵道 京葉臨海鉄道

キハ30（キハ3098）－キハ38の上総亀山行き。久留里線キハ30は2009年から国鉄色となり最後のキハ35系としてファンの注目を浴びた。現在キハ3062がいすみ鉄道国吉駅で保存されている。　◎横田　2011（平成24）5月　撮影：山田亮

久留里線の歴史

　木更津と上総亀山を結ぶ久留里線は里山を行くのどかな線として知られている。20〜30年ほど前までは単なる赤字ローカル線だったが、時代は変わり今ではそれが「売り」となった。久留里線は千葉県営の軽便鉄道（軌間762mm）として1912（大正元）年12月に木更津〜久留里間が開通した。明治後半から大正初期、建設費の安価な軽便鉄道が各地で建設されたが、県営鉄道は千葉、宮崎、沖縄だけであった。いずれも所得水準が低く民間資本の蓄積がなく、民間の力では鉄道建設が困難だったからである。

　一方、木更津と久留里、大多喜を経て大原へ向かう房総半島鉄道が鉄道敷設法（1922年改正）の予定線となり、木更津〜久留里間がその一部であることから1923年9月に国鉄（鉄道省）へ移管され、1930（昭和5）年8月に1067mmに改軌された。さらに半島横断を目指し久留里〜上総亀山間が1936（昭和11）年3月に開通した。一方、大原からは木原線として建設され1930年4月に大多喜まで、1934（昭和9）年8月に上総中野まで開通し、すでに開通していた小湊鉄道に接続した。房総半島横断の目的は達成されたことになり、難工事が予想される久留里線の延伸は放棄された。戦争末期の1944年12月から1947年4月まで久留里〜上総亀山間の営業が休止された。

　戦後の1950（昭和25）年10月改正時刻表では気動車併用と記載されている。（木原線にもその記載あり）これは戦前製の機械式気動車（キハ41000形など）の燃料を天然ガスとした動車である。1954年10月から全面的にディーゼル化されたが、キハ10系の投入もその頃であろう。京葉工業地帯の発展による人口増で60〜70年代には木更津に近い沿線は住宅地が増えて通勤通学者が増え、バス転換または第三セクターへ転換すべきと選定された特定地方交通線（第一次〜第三次）には入らなかった。

　1983年にはキハ37、1996年にはキハ38（八高線から転入）が投入され、キハ30とともに運行された。1996〜97年には白、緑、青を基調とする新塗装になったが、キハ35系の生き残りであるキハ30は2009年から赤とクリームの国鉄色になり鉄道ファンから注目された。保安方式はタブレット閉塞でタブレットの受け渡しが見られたが、2012年3月で特殊自動閉塞式（軌道回路検知式）

に更新された。キハ30、37、38形は2012年11月末で引退し12月からキハE130形100番台に置き換えられた。

小櫃川を渡るキハ30＋キハ37の久留里線列車。キハ37はローカル線用にコストダウンをはかった車両で1983（昭和58）年に登場。1988（昭和63）年頃からクリームと紺の最初の久留里線色となった。◎横田～東清川　1991（平成3）年3月30日　撮影：安田就視

田園地帯を行くキハ30(キハ3098)とキハ38の2両編成。2009年からキハ30は国鉄色になった。◎横田～東横田　2011(平成24)年5月　撮影：山田亮

久留里線小櫃駅の集札風景、現在は無人化され、待合室だけの簡素な駅舎に建替えられた。
◎小櫃　1961(昭和36)年3月18日　撮影：荻原二郎

久留里線俵田駅のホーム風景。列車で運ばれた新聞の包みが画面右に見える。現在は無人化されている。
◎俵田　1961(昭和36)年3月18日　撮影：荻原二郎

久留里駅の待合室。トラベルフォトニュースが待合室に貼ってある。現在も木造駅舎のままだが外観は改装されている。
◎久留里　1961（昭和36）年3月18日　撮影：荻原二郎

キハ38形2両の久留里線上総亀山行き。◎久留里　1997（平成9）年12月　撮影：山田亮

久留里線は全線が単線非電化の路線で途中駅での列車交換は必須である。◎久留里　1960年代前半

久留里線平山駅。現在は無人化され待合室が建てられている。◎平山　1961(昭和36)年3月18日　撮影：荻原二郎

久留里線の終点上総亀山駅。現在でもこの木造駅舎のままで外観はリニューアルされているが、無人駅となっている。
◎上総亀山　1961(昭和36)年3月18日　撮影：荻原二郎

久留里線の終点上総亀山駅のキハ10（両運転台のキハ1061）とキハ17（キハ1718）の2両編成。
◎上総亀山　1961（昭和36）年3月18日　撮影：荻原二郎

上総亀山で折り返す久留里線列車。手前は首都圏色のキハ20。◎上総亀山　1980（昭和55）年11月　撮影：山田亮

久留里線の終点上総亀山で折り返すキハ37－キハ38の木更津行き。右は上総亀山駅舎。◎上総亀山　1997（平成9）年12月　撮影：山田亮

久留里線で現在使用されているキハE130系は2012（平成24）年に投入された。この形式は水郡線と八戸線でも運転されている。
◎横田〜東清川　1991（平成3）年3月30日　撮影：安田就視

小湊鐵道の歴史

　房総半島を縦断し、いすみ鉄道と連絡する小湊鉄道は首都圏近郊のローカル線で、国鉄形ディーゼル車とよく似たキハ200形が走り、テレビＣＭや映画のロケ地としてよく登場する。

　小湊鉄道（正式名称は小湊鐵道）はその名が示すように外房海岸の小湊（安房小湊）が目的地で日蓮上人ゆかりの誕生寺への参拝客輸送が目的だった。1913年に地元有志により五井〜小湊間の軽便鉄道路線免許が取得され1917年に小湊鉄道が設立された。当時外房への鉄道はなく、船便があるだけで極めて不便だったからである。1925年3月に五井〜里見間が開通し、1926年9月に月崎まで延伸、1928（昭和3）年5月に上総中野まで開通した。小湊までの延伸は資金難および1929年の房総線（房総東線）安房鴨川までの開通で実現しなかった。1934年8月に木原線（現・いすみ鉄道）が上総中野まで開通して小湊鉄道と連絡し、房総半島横断鉄道が実現したが、生活圏が異なることもあって現在に至るまで直通客は少ない。戦時中の1943年には京成電気軌道（現・京成電鉄）の傘下になった。現在では京成グループではなく京成の関連会社の位置づけである。

　戦後、千葉への直通運転が計画され、五井から約5kmの海土(あま)有木(ありき)から本千葉までの路線免許を取得したが、1975年に京成グループの千葉急行電鉄に免許を譲渡し、1992年4月千葉急行電鉄千葉中央〜大森台間が開通し、1995年4月ちはら台まで延伸されたが、海土有木まで延伸のメドはたっていない。なお、千葉急行電鉄は経営破綻し1998年10月から京成電鉄千原線となった。

　車両は1961〜77年に14両製造されたキハ200形で、同時期の国鉄キハ20形（2段上昇窓の2次形）と似ている。塗色は赤とクリームで京成3000系とほぼ同じである。ロングシートで便所は設置されていないが、現在ではほとんどの車両が冷房化されている。エンジンは国鉄ディーゼル車の標準形だったＤＭＨ17系列で今でも国鉄時代のディーゼルエンジン音を聞くことができる。

　沿線は五井から光風台付近までは高台上に宅地が続くが、上総牛久付近からは丘陵地や里山の間を縫うように走る。開業時と変わらない木造駅舎も多く残り、終点が近づくにつれて渓谷が展開しトンネルが連続する山越えとなる。2003年から

懐石料理列車のキハ200形。◎五井
2008（平成20）年　撮影：山田 亮

地元の料亭とタイアップした懐石料理列車を運行し、2015年11月から里山トロッコ列車を運行している。

小湊鐵道といすみ鉄道の接続駅上総中野で折り返す小湊鐵道キハ200形2両編成。右側にいすみ鉄道のホームがある。◎上総中野　2008（平成20）年10月　撮影：山田亮

小湊鐵道のタンク蒸気機関車№1。軸配置1－C－1、1924年米国ボールドウィン社製造。現在、五井車庫で保存。
◎五井　1954（昭和29）年10月28日　撮影：江本廣一

貨車を牽引する小湊鉄道の電車改造のディーゼルカー6100形。元青梅電気鉄道の電車をディーゼル車に改造し、正面2枚窓になった。
◎五井　1956（昭和31）年9月　撮影：江本廣一

小湊鉄道キハ41000形41003。◎五井　1960（昭和35）年10月1日　撮影：荻原二郎

養老川にかかる第4養老川鉄橋を渡る小湊鉄道キハ41000形。◎養老渓谷　1963（昭和38）年12月22日　撮影：荻原二郎

沿線に里山風景が展開する房総半島中央部を行くキハ200形単行（1両）。
◎上総大久保　2008（平成20）年10月　撮影：山田亮

小湊鐵道のキハ41000形41004号。機械式気動車国鉄キハ41000形(後のキハ04、05形)を1950～51年に購入し1960年代まで使用された。左は交換するキハ200形。◎養老渓谷　1965(昭和40)年2月7日　撮影:荻原二郎

小湊鉄道キハ6100と国鉄木原線のレールバスキハ01形。木原線(現・いすみ鉄道)には1954年からレールバスと呼ばれたキハ01が投入された。◎上総中野　1961(昭和36)年3月19日　撮影:荻原二郎

養老渓谷に到着したキハ200形の2両編成。キハ200は1961～77年に14両製造され、今でも現役である。駅舎は現在でも変わらず、2017年に国の登録有形文化財に登録された。◎養老渓谷　1963（昭和38）年12月22日　撮影：荻原二郎

上総中野で並ぶ小湊鉄道キハ200（右）といすみ鉄道いすみ100形（左）。国鉄木原線は1988年3月24日、第三セクターいすみ鉄道となった。
◎上総中野　1988（昭和63）年7月8日　撮影：荻原二郎

京葉臨海鉄道の歴史

　戦後、千葉県の臨海工業地帯造成計画によって市原、五井地区に製鉄、石油精製、石油化学などの企業が進出した。これらの企業、工場のための貨物輸送のため国鉄（当時）および千葉県、立地企業が出資した第3セクターの鉄道である京葉臨海鉄道が建設された。京葉臨海鉄道は第3セクターによる最初の臨海鉄道で1962（昭和37）年に設立され、1963年9月に蘇我〜浜五井間、市原分岐〜京葉市原間が開通した。その後、五井南部に工業用地の造成が進み、1965年6月に浜五井〜椎津間が開通した。さらに北袖ケ浦地区へ延長され1968年9月に椎津〜北袖間が開通、1973年3月には北袖〜京葉久保田（袖ケ浦市、内房線長浦駅の近く）間が開通した。

　現在の路線（本線）は蘇我〜北袖間19.9km、市原分岐〜京葉市原1.6km、北袖分岐〜京葉久保田2.3kmの計23.8kmで、側線が20.kmである。機関車は国鉄ＤＤ13タイプのＫＤ55形ディーゼル機関車とＫＤ60形ディーゼル機関車である。沿線は埋立地で工場地帯を走るが、植栽もされていて決して殺風景ではない。神奈川臨海鉄道、名古屋臨海鉄道とともに3大臨海鉄道といわれ、最近の「工場萌え」ブームもあって注目されている。

成田空港へのジェット燃料輸送列車。出光興産千葉製油所から村田駅（現・千葉貨物駅）へ向かう。その後、蘇我で国鉄の機関車に引き継がれ、幕張で方向が変わり成田空港に運ばれた鉄道輸送はパイプライン完成の1983（昭和58）年まで行われた。◎市原分岐点　1978（昭和53）年3月
提供：朝日新聞社

五井海岸(市原市)上空から臨海工業地帯を見る。画面上方には遠浅の海岸が広がるが、その後、埋め立てられた。©1963(昭和38)年12月
提供:朝日新聞社

甲子付近(内房線五井の西側)を行くＫＤ55 101牽引の貨物列車。◎甲子　1999(平成11)年４月　撮影：山田亮

終点京葉久保田近くの川沿い（内房線長浦付近）を行くＫＤ55 101牽引のコンテナ列車。背後は吉野石膏の工場。◎京葉久保田　1999（平成11）年4月　撮影：山田亮

浜五井付近（内房線五井の北側）ＫＤ55牽引の石油輸送列車。操車係が前に乗っている。◎浜五井　1999（平成11）年4月　撮影：山田亮

【著者プロフィール】
山田 亮（やまだ あきら）
1953（昭和28）年生まれ、慶應義塾大学鉄道研究会OB、慶應鉄研三田会会員、元地方公務員、鉄道研究家として鉄道と社会とのかかわりに強い関心を持つ。
昭和56年、「日中鉄道友好訪中団」（竹島紀元団長）に参加し北京および中国東北地方（旧満州）を訪問、平成13年、三岐鉄道（三重県）創立70周年記念コンクール訪問記部門で最優秀賞を受賞（この作品は月刊鉄道ジャーナルに掲載）、現在は月刊鉄道ピクトリアル（電気車研究会）などに鉄道史や列車運転史の研究成果を発表。著書に「関西の国鉄　昭和30年代～ 50年代のカラーアルバム」「相模鉄道　街と鉄道の歴史探訪」（2019、フォト・パブリッシング）がある。

【写真撮影】
江本廣一、太田正行、小川峯生、荻原二郎、田尻弘行、
安田就視、山田亮、山田虎雄

【絵葉書提供】
生田 誠

五井駅で見かけた113系グリーン車。
◎1980（昭和55）年10月19日　撮影：安田就視

内房線
街と鉄道の歴史探訪

2019 年 12 月 5 日　第 1 刷発行

著　者……………………山田 亮
発行人……………………高山和彦
発行所……………………株式会社フォト・パブリッシング
　　　　　　　　　　〒161-0032　東京都新宿区中落合2-12-26
　　　　　　　　　　TEL.03-5988-8951 FAX.03-5988-8958
発売元……………………株式会社メディアパル
　　　　　　　　　　〒162-8710　東京都新宿区東五軒町6-24
　　　　　　　　　　TEL.03-5261-1171 FAX.03-3235-4645
デザイン・DTP ………柏倉栄治（装丁・本文とも）
印刷所……………………株式会社シナノパブリッシング

ISBN978-4-8021-3173-5 C0026

本書の内容についてのお問い合わせは、上記の発行元（フォト・パブリッシング）編集部宛てのEメール（henshuubu@photo-pub.co.jp）または郵送・ファックスによる書面にてお願いいたします。